천 원을 경영하라

천 원을 경영하라

박정부 지음

감사의 글

100쇄 돌파 특별판을 펴내며

출간 1년여 만에 100쇄를 찍었습니다.
모두 독자 여러분 덕분입니다.
누구나 쉽게 읽을 수 있는 글이 되었으면 했는데,
너무나 많은 분이 호응해 주셔서 놀랐습니다.
그동안 남몰래 흘려온 땀 한 방울 한 방울을
독자 여러분이 알아주신 것 같아 가슴이 뿌듯해지기도 합니다.

《천 원을 경영하라》 출간 후 몇 가지 변화가 있었습니다.
온라인 전용 다이소몰도 오픈했고
코로나 팬데믹으로 철수했던 명동역점을
더 큰 규모로 재개장했습니다.
그저 감사할 뿐입니다.
가장 의미 있었던 일은
일본 다이소산교의 지분을 전량 매입해
대한민국 순수 국민기업이 되었다는 점입니다.

개인적으로는 저를 알아봐주시는 분이 많아졌습니다.
사인해달라고 하실 때마다
내가 이렇게까지 큰 사람이 아닌데…. 겸연쩍기도 했습니다.

고객의 요청으로 몇몇 다이소 매장에서 책을 판매했는데요.
수익금 전액을 서울대 어린이병원에 기부할 때는
보람도 느꼈습니다.

전 요즘도 이 책을 종종 들춰봅니다.
이런 어려움이 있었지…, 이런 말도 했구나….
그러면서 초심을 다집니다.
이번 특별판 출간을 계기로
다시 한번 더 많은 분들과 함께
천 원의 행복을 공유하고 싶습니다.
천 원 한 장의 힘이 다이소를 성장시켰듯
여러분의 열정이 담긴 땀 한 방울이
커다란 결실로 돌아오길 기원합니다.

감사합니다.

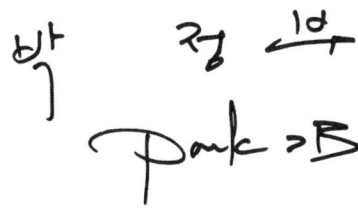

차례

프롤로그 천 원을 경영하면 3조를 경영할 수 있다   11

Part 1. 열정에는 유효기간이 없다

마흔다섯, 이 나이에 무언가를 새로 시작할 수 있을까?	21
천 원의 보복	27
더 간절한 쪽으로 에너지가 모이는 이치	33
3단 이민 가방 2개에 작은 손가방 하나	39
뿌리를 내리는 시간	44
야노 회장과의 만남	51
위험한 동거	59
"손님 그만 받습니다!"	68
"일본 기업 아닌가요?"	72
여기까지인가!	78
천 원을 위한 천억 원의 투자	86
자전거와 헬리콥터	92

Part 2. 본질만 남기고 다 버려라

역주행 회사	103
세상에서 가장 정직한 돈, 천 원	108
가격을 지키겠다는 굳은 의지와 철학	114
마진이 아니라 만족을 좇아라	121
건전지, 일본 상륙작전	128
틈새는 있는 법	135
정독해라, 상품은 다독하면 안 된다	142
생활과 문화를 팝니다	151
신드롬을 만들어내는 회사	161
2030이 가장 좋아하는 라이프스타일숍	166
우리는 고객이 이끄는 대로 간다	172
중요한 것은, 본질에 얼마나 집중했느냐	178

Part 3. 천 원짜리 품질은 없다

문제도 해법도 항상 현장에 있다	187
매장은 살아 움직이는 생물이다	192
보이지 않는 상품이 어떻게 팔릴까?	200
다섯 번의 거절	208
천 원짜리 상품은 있어도 천 원짜리 품질은 없다	216
'품질'이란 처음부터 올바르게 하는 것	223
디자인도 품질이다	228
숯도 한데 모여야 화력이 세진다	233
일이란 챙기는 만큼 결과가 나온다	242
보이게 일하라	248
"다이소에서 만나!"	255
'국민가게'라는 별명에 담긴 뜻	263

에필로그 고민하는 집요함이 운명과 세상을 바꾼다   269

프롤로그

천 원을 경영하면 3조를 경영할 수 있다

몇 년 전, 한 언론사 기자와 인터뷰를 하던 중이었다. 갑자기 지갑을 보여달라는 말에 적이 당황했다. 돈을 얼마나 갖고 다니나 궁금해서 그런가? 현금 쓸 일이 많지는 않지만 그래도 꽤 넉넉히 갖고 다니는 편이었다. 나는 외투에서 지갑을 꺼내 열어 보였다. 기자는 뭔가 찾으려는 듯 고개를 숙여 지갑 속을 들여다보았다.

"아! 여기 있네요."

천 원짜리 서너 장을 확인하고 기자는 자신의 생각이 틀리지 않았다는 듯 만족스러운 미소를 지었다.

"천 원짜리를 갖고 다니시나 해서요."

인터뷰 내내 천 원짜리 상품의 가치에 대해 줄기차게 강조해놓고 혹시 지갑 속에 고액권만 두둑이 넣고 다니는 것은 아닌지 궁금했던 모양이다. 나는 지폐 사이에 꽂아놓은 것 말고도 신분증 사이에 딱지처럼 접어둔 천 원짜리도 꺼내 보여주었다. 언제부터인가 지갑 속에 천 원짜리 지폐 한두 장을 부적처럼 꼭 넣어 다니는 버릇이 있었다. 남들이 보기엔 하찮을지 몰라도 균일가숍을 하는 내게 천 원은 특별했기 때문이다.

천 원의 힘

현재 우리나라에서 화폐로 사용되는 것은 지폐 4종과 동전 4종이다. 동전은 거의 쓰임이 없다 보니 지폐의 최소 단위인 천 원권이 많이 사용된다. 천 원은 그만큼 경제의 바탕이 되는 돈이기도 하다.

신용카드로 대부분 결제하는 요즘이지만 막상 천 원짜리가 없어 불편한 적이 한두 번쯤 있었을 것이다. 지금은 많이 개선됐지만, 구형 자판기의 지폐 투입구는 천 원짜리 지폐만 인식했다. 자판기에서 음료수를 하나 뽑아 먹거나 지하철 탑승권을 끊을 때, 음식점 주차장에서 발레파킹 수고비를 지불할 때도 천 원짜리 몇 장을 갖고 있으면 아주 요긴하다.

그만큼 많이 사용하다 보니 다른 지폐에 비해 천 원은 너덜너덜하다. 주머니에 꼬깃꼬깃 넣어두기 일쑤였고, 옛날에는 급할 때 전화번호나 이름을 적기도 한다. 이래저래 몸으로 때우며 험한 꼴도 많이 본 지폐다. 마치 굳은살이 박이고 손일 많이 하신 우리 어머니의 주름진 손 같다. 그래서 나는 천 원을 좋아한다. 천 원이야말로 성실함이 무엇인지, 땀이 무엇인지 보여주기 때문이다.

사람들이 흔히 내게 묻는다.

"어떻게 천 원짜리 팔아서 3조 매출을 할 수 있죠?"

아성다이소가 눈부신 성장을 한 것은 사실이다. 1997년 첫 매장을 연 후 25년 동안 약 1만 배 이상 성장했고, 현재까지 단 한 번도 당기순손실을 기록한 적이 없으며, 코로나19로 어려운 상황에도 꾸준히 사랑받았다. 물론 탄탄대로만 달려온 것은 아니다. 휘청인 적도 있었다. 그러나 그 모든 것을 이겨내고 여기까지 올 수 있었던 것은, 바로 '천 원의 힘' 때문이었다. 만리장성도 벽돌 한 장에서 시작되었듯, 3조 매출도 천 원짜리 한 장에서 비롯되었다.

10만 원짜리 상품은 1개만 팔아도 매출이 10만 원이지만, 1,000원짜리 상품은 100개를 팔아야 10만 원이 된다. 100번 더 움직이고, 100번 더 진열하고, 100번 더 계산하고, 100번 더 닦아야 가능한 일이다. 내게 천 원이란 이처럼 매 순간 흘려야 하는 땀방울이고, 그 땀방울이 만든 성실함이자 정직함이다. 기술이나 요행으로 되는 일이 아니다. 정직하지 않고 성실하지 않았다면 절대 얻을 수 없는 성취다.

　2002년 '1억 불 수출의 탑'을 받았을 때 인터뷰에서 이런 이야기를 했다. 1억 불을 수출하겠다는 생각은 처음부터 해본 적이 없다고. 30센트, 40센트짜리가 모여 어느 날 1,000만 불, 2,000만 불이 되었고, 5,000만 불, 1억 불이 되었을 뿐이다. '연매출 3조를 해야지'라든가, '매장을 1,500개 오픈해야지' 하는 목표도 세워본 적 없다. 그저 좋은 공간이 있으면 매장을 열었고, 팔릴 만한 상품이 있으면 개발하면서 앞만 보고 달려왔다. 거창한 계획을 세우기보다 작은 것 하나하나를 철저하게 지키고 당연한 것을 꾸준히 반복했던 것, 그것이 오늘날 아성다이소를 있게 한 원동력이다.

천 원 한 장에 올인하다

얼마 전 어느 조사에서[*] '20대 소비자에게 가장 사랑받는 브랜드'로 다이소가 뽑혔다. 참으로 반가웠다. 하지만 반가운 마음과 함께 걱정스러운 마음도 든다.

흔히들 요즘 젊은이들을 7포 세대라고 한다. 연애, 결혼, 출산, 내 집 마련, 인간관계, 꿈, 희망을 포기한 세대, 그래서 '이번 생은 망했다'를 줄인 '이생망'이란 말도 유행이다. 수많은 젊은이가 "정직하고 성실하면 나만 손해 보는 것 아닌가요?", "노력한다고 그만큼 결과가 나오나요?" 하고 의심한다. 나라의 미래를 짊어질 이들이 패배감과 상실감에 젖어 있다는 이야기를 들을 때마다 기성세대로서 무척 마음이 아프고 일말의 책임감도 느낀다.

흙수저였던 내가, 아니 흙수저 정도가 아니라 무수저로 남들은 다 퇴직하는 마흔다섯 살에 맨손으로 사업을 시작한 내가, 다시는 일어설 수 없을 것 같던 내가 성공했다면, 지금과 같은 어려운 시기를 지나는 젊은이들은 더 잘 해낼 수 있지 않을까?

---

[*] 대학내일20대연구소 조사, 라이프스타일숍 부문(2019년).

누군가 내게 이 일을 어떻게 해냈느냐고 묻는다면 자신 있게 대답할 수 있다. 다름 아닌 천 원 한 장에 올인했다고, 천 원을 위해 정직하게 땀 흘렸던 것이 비법이었노라고.

천 원을 경영하면 3조를 경영할 수 있다.

이 책은 3부로 구성돼 있다. 1부는 아성다이소가 어떻게 시작되어 어떤 위기를 극복하며 성장해왔는지에 대한 이야기이고, 2부는 아성다이소가 균일가 전략을 고수하기 위해 고군분투한 이야기를 담았다. 주위에서는 나를 '현장 사령관'이라고 부른다. 무엇보다 현장을 중요시하기 때문이다. 그래서 3부에는 현장에서 내가 늘 강조하는 이야기들을 담았다.

소위 말하는 성공이란, 화려하게 주목받는 며칠이 아니다. 남이 알아주지 않아도 끈기 있게 '기본'을 묵묵히 반복해온 순간들이 모여 이룬 결과다. 무한한 가능성을 가진 우리 젊은이들에게, 또 너무 늦은 나이에 인생의 새로운 출발선에 선 것은 아닌가 불안해하고 걱정하는 이들에게 이 책을 통해 '열정에는 유효기간이 없다'는 말을 꼭 전해주고 싶다.

끝으로 창업 후 30여 년간 나를 지켜준 가족과 1만여 임직원 모두에게 깊이 감사드린다.

2022년 겨울,

박정부

그 시절 나는 바람을 타고 항해하는 돛단배와 같았다.
옛 상인들이 무역풍을 타고 대서양을 횡단했던 것처럼
쉴 새 없이 앞으로, 앞으로 나아갔다.

Part 1.
열정에는 유효기간이 없다

마흔다섯,
이 나이에 무언가를 새로
시작할 수 있을까?

1980년대 중반의 어느 날 아침이었다. 평소처럼 출근했는데 공장 앞마당에 직원들이 우르르 나와 앉아 있는 모습이 보였다. 한 번도 보지 못한 낯선 풍경이었다. 순간 가슴이 덜컥 내려앉았다. 다급하게 회사 대문을 흔들었지만 굳게 잠긴 채 열리지 않았다. 말로만 듣던 '파업'이 내가 관리하는 생산현장에서도 시작된 것이다.

    1980년대 초중반 우리나라는 민주화 열풍과 함께 기업에서도 노조 활동이 본격적으로 전개되었다. 내가 다니던 회사도 예외가 아니었다. 위장 취업을 통해 들어온 이들이 파업을 주도하면서, 생산 책임자를 중심으로 움직이던

현장의 지휘체계가 한순간에 무너졌다.

노조가 결성되고 투쟁과 파업의 목소리가 높아지면서 모든 책임의 화살이 내게 날아왔다. 현장의 최고 책임자로서 위장 취업자들의 선동과 파업에 제대로 대처하지 못했다는 이유였다. 그러면서 경영진과의 갈등도 점점 심해졌다. 간부회의라도 있는 날이면 입술이 마르고 피가 타들어 가는 듯했다.

차라리 해고를 당했더라면

가장 견디기 힘든 것은 모멸감이었다. 전과 다르게 회의실에서도 가장 말석으로 밀려났고, 회의 중에는 말 한마디 할 기회조차 주지 않았다. 나는 어찌할 바를 몰랐다. 대학 졸업 후 들어간 첫 직장이었고, 그곳에서만 한눈팔지 않고 16년의 젊음을 고스란히 바쳤다. 생산 책임자로서 최적의 작업조건과 생산환경을 만들기 위해 정말 하루가 48시간인 것처럼 일했다. 생산성과 수율, 품질 등 생산의 기본 체계를 만들어 설비를 안정시켰고 표준화 체계도 만들었다. 이런 공로를 인정받아 동기들 가운데 승진도 가장 빨랐다. 신입사원이 입사 6개월 만에 계장으로 승진한 사례는 회사 역사상 유례를 찾기 힘든 케이스라고 했다. 창사이래 최연소 생산 책임자였으니 말이다.

그런데 파업이 시작된 이후 나는 회사에서 가장 무능한 간부가 되었고, 죄인 아닌 죄인이 되었다. 이루 말할 수 없이 힘들었지만 그래도 꾸역꾸역 일했다. 내 타고난 성격 탓일지도 모르겠다. 어쨌든 회사는 돌아가야 했으니까. 그런 상황이 2년여 동안 계속되었고, 나도 점점 지쳐가기 시작했다. 나 자신이 한없이 쪼그라드는 느낌이었다. 차라리 책임을 물어 해고당하는 편이 나을 것 같았다.

그러나 회사는 비난의 화살을 던질지언정 업무적으로는 내 능력이 필요했던 모양이다. 아니, 그동안의 공로 때문에 차마 해고를 하지 못하는 것이었을까. 이쯤에서 내가 정리를 하는 게 맞을 것 같았다. 나는 사직서를 들고 사장실 문을 두드렸다.

"그만두고 뭘 하려고 그러나?"

사직서는 열어보지도 않은 채 사장이 한마디 했다. 당시 일본에 사는 동생이 기업 해외연수 사업을 하고 있었는데, 나는 그 일을 함께 해볼 생각이라고 간단하게 말했다. 사장은 아무 말 없이 내 얘기를 듣더니 알겠노라고만 했다.

가족보다 먼저 죽지 않겠다고 결심했지만

사장실 문을 닫고 나오는데 불현듯 아내와 두 딸의 얼굴이 떠올랐다. 아내는 전업주부였고 늦게 결혼한 탓에 두 딸은 아직 초등학생이었다. 가족을 떠올리자 막막함이 밀려왔다. 내가 과연 이들을 지켜줄 수 있을까.

나는 아버지가 일찍 돌아가셔서 한 번도 아버지를 불러본 기억이 없었다. 친척들 말에 의하면 9·28 서울 수복 때 북한군이 후퇴하며 아버지를 북한으로 끌고 가려고 했단다. 그런데 아버지가 완강하게 저항하자 회사 뒷문에 세워놓고 총살을 했다는 것이다. 그때 내 나이가 7살쯤 되었을까. 집은 폭격에 불타버려 아버지 사진 한 장 남은 게 없었다. 바느질 솜씨가 좋았던 어머니가 그나마 삯바느질로 생계를 책임지셨지만, 끼니를 제때 챙기는 것조차 힘겨운 나날이었다. 결국 우리 4형제는 외가로, 큰집으로 뿔뿔이 흩어져 성장기를 보내야 했다.

아버지가 안 계셔 힘든 시절을 보낸 나는 단단히 결심한 바가 있었다. 절대 가족보다 먼저 죽지 않겠노라고. 최소한 아이들이 공부를 마치고 결혼할 때까지는 곁에 있겠노라고. 그런데 그런 결심이 무색하게도 끝을 알 수 없는 긴 어둠의 터널에 들어선 기분이었다. 과연 내가 무슨 일을 해서 가족을 지킬 것인가.

며칠이 지나도록 사장은 가타부타 말이 없었다. 그렇게 두 달이 지났을 무렵 드디어 나를 호출했다.

"자네가 여길 나가서 잘된다는 보장도 없지만, 그렇다고 꼭 안된다고 할 수도 없을걸세. 그래도 나와 함께 하면 밥은 먹고 살지 않겠나. 다시 한번 생각해보게."

퇴직을 만류하는 제안은 감사했지만 나는 이미 결심이 서 있었다.

"생각해주셔서 고맙습니다만, 제 할 일은 여기까지인 것 같습니다."

그 말을 마치고 돌아 나오는데 두 다리가 후들거렸다. 마라톤 풀코스를 뛰고 막 결승점을 통과한 선수처럼 온몸의 기운이 다 빠져나간 느낌이었다.

마흔다섯, 과연 내가 이 나이에 무언가를 새로 시작할

수 있을까? 그동안 너무 전력질주한 것 같았다. 좀 살살 달렸더라면 마음도 몸도 이렇게까지 고갈되진 않았을 텐데. 회사를 떠나며 가장 두려웠던 것은, 남들의 시선 따위가 아니었다. 바로 나 자신이었다. 모든 에너지가 사라진 것처럼 손가락 하나 들어 올릴 수 없을 정도로 무기력했다. 내 모든 것을 바쳤기에 더욱 그랬는지도 모른다.

그러나 가족들의 얼굴이 떠오르자 난 잠시도 쉴 수가 없었다.

천 원의 보복

마침 동생이 일본에서 하던 사업을 접으려던 참이었다. 국내 대기업을 대상으로 일본 해외연수를 기획하고 진행하는 사업이었는데, 영업이 잘 안 된다고 했다. 그래서 내가 국내에서 영업을 맡고 동생이 현지 코디네이터 역할을 하며 함께 일을 해보기로 했다.

그런데 사무실 하나 얻는 것부터가 녹록지 않았다. 당시 1988년 서울올림픽 특수로 건축 붐이 일면서 자재 파동이 났고, 내가 얻으려던 오피스텔의 준공이 늦어졌다. 더는 머뭇거릴 수 없었던 나는 그해 10월에 혼자 사는 어머니 집에서 일단 창업을 했다. 변변한 책상 하나도 마련하지 못해 밥상을 펴놓고 업무를 시작했다. 일본에 기업연수를 보내는 사업이니 이름도 '한일맨파워'라고 지었다. 이 회사가 바로 현재 ㈜아성다이소의 모태다.

    1980년대 후반에 대기업을 다녔던 사람이라면 한 번쯤 '한일맨파워'를 통해 해외연수를 다녀왔을지도 모르겠다. 다행히 세계화, 국제화 바람을 타고 금융, 자동차, 반도체, 건설 등 굵직굵직한 대기업들의 해외연수 사업을 잇달아 따냈다.

    일본 현지에서 이루어지는 기업 견학이나 세미나 등은 동생이 진행했기에 나는 그사이에 잠시 짬을 내어 일본의 이곳저곳을 열심히 둘러보았다. 좀 더 안정적인 일거리를 찾기 위해서였다. 영업을 뛰고는 있지만, 엄밀히 말하면 동생의 사업을 도와주는 것이니 그리 오래 할 수 있는 일은 아닌 것 같았다. 직장에서 좋지 않게 밀려난(내가 사표를 내긴 했지만) 경험이 있어서 그런지 마음 한쪽이 늘 불안하기도 했다.

잊고 살았던 무역상의 꿈

1980년대 이후 일본은 최전성기를 구가하고 있었다. 환율도 우리나라와 10배 정도 차이가 났다. 세계 10대 반도체 기업 중 6개가 일본 기업이었을 정도로 반도체 강국이었지만 그에 비해 경공업 기반은 매우 약했다. 비싼 인건비 때문에 제조공장이 거의 없었고, 그러다 보니 중국이나 동남아시아 국가에서 대부분의 상품을 수입하고 있었다. 그래서 인건비가 싸고 제조업이 발달한 우리나라 상품을 일본에 팔아보는 것도 괜찮을 것 같았다.

문득 한동안 잊고 있었던 무역상에 대한 꿈이 떠올랐다. 오랜 시간 생산현장의 관리자로 일하느라 아득하게 잊고 있었지만, 마음 한쪽에는 막연하게나마 무역상이 되고 싶다는 꿈이 있었다. 전 직장에서 전구, 샹들리에, 크리스마스트리 등 유리 제품을 제조해서 수출까지 해본 경험이 있었으니 도움이 될 것 같았다.

그래서 기업연수 사업과 함께 틈틈이 무역업을 병행해보아야겠다고 생각했다. 일본에 사는 동생을 통해, 또 지인의 지인을 통해 사람을 소개받았다. 그들을 만나 무엇을 원하는지, 또 내가 무엇을 할 수 있는지 조금씩 탐색

해갔다.

처음에는 주로 프로모션 판촉물에 대한 요청이 많았다. 가령 화장품 회사라면 신상품을 론칭할 때 사은품으로 끼워주는 파우치라든가, 가전 회사나 자동차 회사에서 판촉행사를 할 때 나눠줄 열쇠고리 같은 상품을 원했다. 한국에서 적절한 샘플을 찾아 원하는 가격과 수량을, 원하는 날짜에 납품해주면 되는 일이었다. 그러기 위해서는 좋은 제품도 찾아야 했지만, 때로는 공장을 직접 물색해 생산라인까지 새로 만들어야 했다. 그러나 품질에 대한 기준이 높고 매사에 무척 꼼꼼한 일본 기업들과 거래는 쉽게 이루어지지 않았다.

첫 납품부터 불량이라니

그러던 어느 날, 한 주류 도매업체로부터 첫 주문을 받았다. 고객 사은품으로 제공할 유리 재떨이 5,000개를 납품해달라는 것이었다. 이제 됐다는 안도감과 함께 눈앞이 환해지는 기분이었다.

그러나 처음 하는 일이다 보니 실무를 잘 몰라 서류

1장을 만드는 데도 몇 번씩 은행을 다녀와야 했다. 뭔가 잘못되었다고 해서 고쳐 가면, 또 다른 것이 잘못되어 있다는 식이었다. 그렇게 어렵사리 납품을 했는데, 기쁨도 잠시, 재떨이를 주문한 회사에서 연락이 왔다.

"얼른 들어와 확인해보세요. 재떨이가 깨집니다."

이게 웬 청천벽력 같은 소리인가. 허겁지겁 일본으로 건너가 확인해보았다. 까만 유리 재떨이의 홈에 피다 만 담배를 꽂아놓으니 그 열에 의해 쩍 하고 금이 갔다. 전 직장이 전구회사였기 때문에 유리에 대한 상식은 좀 있었다. 유리를 구울 때 열팽창계수가 다르기 때문에 높은 온도에서 가열하다 서서히 풀어주는 것을 반복해야 하는데, 이 과정에서 뭉친 부분이 남아 있었던 모양이다. 사람으로 치면 일종의 멍 같은 것인데 그 부분에 열이 전달되면 쨍하고 깨진다. 후공정 열처리 과정에 문제가 있음을 간파한 나는 전량 폐기 처분했다.

'철저하지 않으면 안 되는구나.

작은 것 하나도 소홀히 하면 결정타가 될 수 있구나.'

나폴레옹이 남긴 명언 중에 '시간의 보복'이란 말이 있다. 기일을 놓친 고지서가 훗날 이자에 이자가 복리로 붙듯이, 내가 소홀했거나 간과한 실수 하나가 해결하기 힘든 더 큰 문제로 부메랑이 되어 되돌아온 것이다. 가격 경쟁력만 생각하다 품질을 체크하지 못한 것이 실수였다. 내가 아낀 몇 푼이 불량을 만들었고, 그것이 '전량 폐기'로 되돌아왔으니 말이다. 천 원의 보복이었다.

첫 거래에서 신고식을 단단히 치른 나는 다시 한번 작은 것 하나하나의 소중함을 깨달았다. 먼지가 쌓여 태산이 될 수 있지만 반대로 작은 실금 하나가 댐 전체를 파괴할 수도 있다. 시속 300km/h로 달리는 고속열차도 7mm짜리 불량 너트 하나로 큰 사고가 난다. 이처럼 나의 작은 실수와 무심함이 치명적인 결과를 초래한다는 사실을 뼛속 깊이 새길 수 있었다. 아마 그 첫 거래가 아무 문제 없이 성공적으로 마무리되었다면, 이후에 나는 작은 것 하나하나에 그토록 정성을 기울이지 않았을지도 모르겠다.

더 간절한 쪽으로 에너지가 모이는 이치

초창기에는 주로 프로모션 판촉물에 대한 상담이었지만 점차 100엔숍 거래처들도 만나게 되었다. 행사상품은 일회성으로 끝났지만 100엔숍은 반응이 좋으면 지속적으로 주문해주었다. 그러면서 나는 해외연수 사업 쪽의 일을 줄이고 서서히 저가 생활용품을 일본에 수출하는 무역업으로 옮겨가기 시작했다.

하지만 말이 좋아 무역업이지 초창기엔 보따리 장사였다. 낡은 자동차를 몰고 동대문, 남대문 시장부터 소규모 공장까지 돌아다니며 거래처에서 관심 가질 만한 생활용품의 샘플을 찾았다. 그리고 일본 각 매장을 돌며 샘플을 보여주고 주문을 받았다.

통상 첫 거래 때는 상품을 소량만 주문해 소비자의 반응을 살핀다. 그러나 생산업체 입장에서 그 정도의 소량 생산은 인건비도 안 나오니 달가울 리 없다. 여기저기 돌며 이 집에서 한 상자, 저 집에서 한 상자, 꿀벌이 꿀을 모으듯 조금씩이나마 부지런히 최대한 많은 양을 모았다. 오죽하면 그 시절 내 꿈이 거래처에서 받은 주문으로 컨테이너 1대를 꽉 채워봤으면 좋겠다는 것이었다. 물량이라도 많아야 단가를 낮출 텐데, 그러기엔 늘 주문량이 턱없이 부족했다. 업체에 매달리다시피 통사정해서, 또는 직접 공장을 섭외해 생산을 의뢰하기도 했다.

이것이 아니면 안 된다는 생각으로 온 힘을 다해 상품을 찾고 만들고 파는 데 집중했다. 그만큼 절박했다. 사실 다른 방법이 없기도 했다. 그저 죽을힘을 다해 좋은 상품을 찾아다녔고, 간절한 마음으로 고객사를 설득했다.

한밤중의 전문 털이범?

그렇게 어찌어찌 좋은 상품을 찾아 주문도 받고 수량

에 맞게 상품을 준비해도, 선적을 위해 부산까지 실어 보내는 것이 또 큰 문제였다. 당시 사무실로 쓰던 오피스텔에는 상품을 보관할 창고도 없었고 포장 작업을 할 공간도 여의치 않았다. 궁여지책으로 양재천 둑길 육교 아래에 상품을 쌓아놓고 기다렸다.

부산항으로 가는 트럭은 다른 작업을 모두 마친 후 마지막 코스로 우리 짐을 실어갔다. 그러다 보니 야심한 밤에 도착하는 경우가 많았다. 말이 수출이지 상자 몇 개를 짐차의 자투리 공간에 옮겨 싣는 것이 다였지만 말이다.

그런데 어느 날은 늦은 밤 피곤해서인지 인부가 상품이 든 상자를 발로 밟고 함부로 굴리면서 차에 싣는 것이 아닌가. 어찌나 가슴이 아프고 화가 나던지. 마치 내 가슴을 누군가 짓밟는 기분이었다. 도저히 그냥 보고 있을 수가 없어서 나도 모르게 소리쳤다.

"이봐요, 당신 내려와요! 이 물건이 어떤 건데…."

나는 인부에게 더는 못 보겠으니 물건을 놔두고 그냥 가라고 했다. 그리고 운송회사 사장에게 전화해 직접 와달라고 부탁했다. 다행히 그 사장이 한밤중에 트럭을 몰고 와 무사히 선적을 마칠 수 있었다. 그분과는 지금까지도 거래하고 있다.

또 어떤 날은 경찰이 출동하는 사태까지 벌어졌다. 깜깜한 밤중에 외진 둑길에서 서둘러 박스를 싣는 모습이 지나가던 사람들 눈에 이상하게 비쳤던 모양이다.

"지금 여기서 뭐 하시는 겁니까. 잠시 조사 좀 하겠습니다."

전문 털이범이 한밤중에 차를 갖다 놓고 도둑질한 물건을 싣고 있다는 신고가 들어왔다는 것이다.

열정에는 유효기간이 없다

일본에 100엔숍이 하나둘 생기고 있을 때였다. 아직 초기라 소규모 100엔숍 업체들은 무역이라는 개념도 없었고 체계적으로 운영되지도 않았다. 가족끼리 운영하는 경우가 대부분이었고, 취급하는 상품도 일반 도매상이나 '나까마'라는 중간도매상으로부터 받았다. 그들은 대부분 주문 상품을 한꺼번에 창고로 배달했다. 그러면 창고에서 상품을 분류해 각 매장으로 보냈다.

그러나 나는 우리 직원을 일본에 상주시켜 직접 통관을 한 후 각 매장까지 일일이 배달하도록 했다. 그러면서 전에 주문한 상품에 문제는 없었는지, 소비자의 반응은 어땠는지를 일일이 체크했다. 그런 정성이 통했는지 주문량이 점점 늘어 한 상자가 두 상자가 되고, 천 단위에서 몇만 단위로 주문이 늘어갔다. 사업을 시작하고 6개월 정도가 지났을 때는 드디어(!) 단독으로 컨테이너 1대를 채울 수 있을 만큼 물량이 늘어났다.

돌이켜보니 창업하고 나서 더 열심히 일했던 것 같다. 직장에서도 죽을힘을 다했다고 생각했는데, 그래서 사표를 내며 '내게 아직 열정이라는 게 남아 있을까' 고민했지만 그건 기우였다. 물론 20대의 거침없는 열정과는 다를 것이다. 자식과 가정을 반드시 지켜야 한다는 강박감, 더는 물러날 곳이 없다는 절박감, 여기서 실패하면 끝이라는 그런 생각들이 내 앞에 놓인 일에 '초집중'하게 만들었다. 참 신기한 것은 집중하면 할수록, 그리고 간절할수록 더 크고 대단한 에너지가 나온다는 것이다. 더 간절한 쪽으로 에너지가 모이는 게 세상의 이치인가 싶다.

누군가 열정이 뭐냐고 묻는다면, 내게 열정이란 간절함이었고 더는 물러날 곳이 없는 이의 초집중 같은 것이었노라고 답하고 싶다. 열정이 없어 고민인가? 그건 열정이다 소진되어서가 아니다. 열정에는 만기도, 유효기간도 없다. 간절하기만 하다면.

    정말이다. 그때 내게는 정말 다른 길이 없었다.

3단 이민 가방 2개에 작은 손가방 하나

거래처가 늘면서 일본 출장이 잦아졌다. 한 달 중 보름은 일본에 머물렀다. 도쿄에서 오사카, 후쿠오카, 가나자와 등 상품을 팔 수 있는 곳이라면 일본 구석구석 어디라도 갔다.

당시는 지금처럼 고속열차가 아니어서 열차를 타면 목적지까지 꼬박 6~7시간 걸렸다. 그래서 조금이라도 시간을 아끼기 위해 장거리는 주로 침대가 있는 야간열차를 이용했다. 침대에 누워 레일 위를 달리는 기차 바퀴 소리를 듣고 있으면 잠이 잘 오지 않았다. '샘플이 마음에 안 들어 수주를 못 받으면 어떡하나…', '클레임이 있는 건 아닌가…' 온갖 걱정들이 검은 차창을 스쳐 갔다. 그렇게 밤새 덜컹대던 야간열차에서 내리면 새벽안개를 뚫고 먼동이 터오고는 했다.

가지고 다니는 보따리도 규격처럼 정해져 있었다. 3단 이민 가방 2개에 작은 손가방 하나. 택시를 타면 트렁크에 들어갈 수 있는 짐의 양이 딱 그 정도였기 때문이다. 그 안에는 발로 뛰며 하나하나 직접 고르고 챙긴 샘플로 가득했다.

지금은 카탈로그나 화상전화를 통한 주문과 거래가 가능하지만, 당시에는 직접 샘플을 보고 주문을 했기 때문에 일일이 거래처를 방문해야 했다. 보름 중 10여 일 정도는 일본 전역을 돌며 주문을 받았고, 2~3일은 신상품을 찾아 시장조사를 다녔다. 지하철을 탈 때도 앞 사람 머리핀 하나 허투루 보지 않았다. 다음 신상품 아이디어를 얻기 위해 늘 촉각을 세웠기 때문이다. 소문난 매장을 찾아가 인기 상품을 실물로 보고 트렌드를 파악하는 것도 중요한 업무였다.

처마 밑에 추적추적 비는 내리고

나고야 쪽에 '산바도'라는 거래처가 있었다. 오전에 미팅이 잡혀 있었는데 마침 출근시간대와 겹쳐 교통체증으로 10분 정도 늦게 도착했다. 도쿄에서 나고야까지 신칸센을 타고 간 후, 다시 차를 갈아타고 들어가야 하는 촌동네였다. 민가도 별로 없고 벌판에 단독주택이 드문드문 보일 뿐이었다.

그날따라 을씨년스럽게 비까지 내리고 있었다. 창고는 논두렁을 지나 언덕배기 초입부에 있었다. 난 양팔에 샘플이 가득 담긴 가방을 들고 직원 2명과 함께 울퉁불퉁한 비포장 길을 걸어 들어갔다. 창고의 한 귀퉁이를 막아 사무실로 쓰고 있었다. 문을 열고 들어서니 담당 직원이 막아서며 퉁명스럽게 말했다.

"늦어서 안 됩니다. 돌아가든가 밖에서 기다리든가 하세요."

다른 도매상과 먼저 상담을 하고 있었던 모양이다. 그래도 멀리 한국에서 비행기를 타고 왔는데, 출근시간 교통혼잡 정도는 감안해줄 수도 있을 텐데, 그런 배려 따윈 없는 듯했다.

나는 기다리겠노라 말하고 사무실 밖으로 나왔다. 그런데 마땅히 있을 곳이 없었다. 멀리 보니 단독주택이 하나 보였다. 창고 밖에는 앉을 자리도 없고, 그 처마 밑이라면 아쉬운 대로 비는 피할 수 있을 것 같았다.

그렇게 한 2시간 정도 기다렸을까. 반소매를 입고 있었는데 으슬으슬 한기가 올라왔다. 추적추적 내리는 빗줄기를 바라보고 있자니 비애감마저 들었다. 벌서듯 말없이 서 있는 직원들 보기도 민망했다. 이 일을 과연 얼마나 더 계속할 수 있을지….

새로운 결심

사실 일본 균일가숍에 처음 납품을 하면서 적잖은 충격을 받았다. 당시 일본은 우리나라와는 비교할 수 없을 정도로 국민소득이 높은 선진국이었다. 그런 돈 많은 나라 국민이 우리 돈으로 1,000원에 불과한 100엔짜리 상품을 즐겨 쓰며 알뜰 소비를 하고 있었다.

일본뿐 아니었다. 미국, 스페인 등에서는 이미 균일가 시장이 활성화되어 있었다. 일상적인 소모품은 저렴하고 알뜰하게 구매하는, 합리적이고 실용적인 소비문화가 형성되었기 때문이다. 외형이나 자존심보다는 '가격 대비 품질'과 실속을 훨씬 중시하는 '현명한 소비자'들이 급격히 늘어나는 추세였다. 우리나라도 조만간 그런 현명한 소비문화가 형성되지 않을까. 저렴하고 질 좋은 상품을 일본에만 납품할 것이 아니라 우리나라 국민도 쓰도록 하고 싶었다. 게다가 사실상 우리 회사의 목줄을 쥐고 있는 일본 업체들이 언제 돌아설지 알 수 없다는 불안감도 있었다. 이에 대한 안전장치도 필요했다.

우리나라 최초의 균일가숍을 내고 싶다는 생각에 한참 골몰해 있을 때, 그제야 창고 문이 열리더니 담당 직원이 나왔다. 나를 발견한 직원은 멀리서 들어오라는 손짓을 했다.

뿌리를 내리는 시간

나는 생각을 실행에 옮겼다. 국내에 균일가숍을 개점하기 위해 1992년 아성산업을 설립했다. 한일맨파워가 일본에 저가 생활용품을 수출하는 무역회사라면, 아성산업은 내수 유통을 위한 유통전문회사였다.

아성(亞成). 이 이름은 어머니가 지어주신 것이다. 직역하면 '아시아에서 성공하라'는 뜻이지만 뒤늦게 창업한 아들이 성공하길 바라는 어머니의 기원과 염려가 담겨 있어 내겐 더욱 각별한 이름이다. 그동안 ㈜아성산업, ㈜다이소아성산업에 이어 현재 ㈜아성다이소로 3번이나 사명을 바꿨지만 '아성'이란 이름은 항상 붙어 다녔다. 어머니의 간절한 마음을 기억하고 싶어서다.

그러나 어머니의 염원에도 불구하고 국내 균일가 소매점을 내기까지는 꽤 오랜 시간이 걸렸다. 1992년에 회사를 설립했지만 1997년이 되어서야 1호점을 낼 수 있었다. 1990년대 초반 우리 사회의 소비문화는 고도의 경제성장 덕분에 값싼 생활용품이 비집고 들어갈 틈이 없었다. 시장조사를 해보니 소비자들의 기대도 별로 높지 않았다. 직원들도 균일가숍 콘셉트를 제대로 이해하지 못했고, 사회적인 분위기도 아직은 시기상조인 듯했다.

마침 일본 수출 물량이 점점 늘어나고 있었다. 상품개발에 대한 정보도 얻고 시장조사도 할 겸 균일가 시장이 태동한 미국부터 영국, 독일, 북유럽까지 철저히 돌아보기로 했다.

달러숍의 공급 집산지, LA 버논

그렇다면 균일가 소매점은 언제 생겼을까? 무려 140여 년 전인 1879년, 프랭크 울워스(Frank Woolworth)가 뉴욕에서 문을 연 '파이브 센트 스토어'가 세계 최초 균일가 소매점으로 알려져 있다. 얼마 후 울워스는 펜실베이니아 랭카스터에서 5센트와 10센트 품목을 함께 판매하는 '파이브 앤 다임 스토어'를 새로 여는데, 이것이 대성공을 거두어 사업을 확장해 나간다. 그리고 1919년 창업자 프랭크 울워스가 67세의 나이로 세상을 떠날 무렵, 울워스는 세계 최대의 유통기업이 된다.*

울워스의 균일가 소매점이 큰 성공을 거두자 그 뒤를 이어 파이브 앤 텐(Five and Ten), 니클 앤 다임(Nickel and Dime), 다임스토어(Dimestore) 등 비슷한 점포들이 잇달아 생겨났다. 니클은 5센트, 다임은 10센트를 의미하는 단어다. 이후 급속한 인플레이션을 반영해 달러스토어(Dollar Store)로 바뀌었다. 미국에서 기원한 균일가 점포는 독일의 원 유로숍(Euroshop), 영국의 파운드숍(Pound shop), 일본의 100엔숍, 스페인의 100페세타숍 등 세계 각지로 퍼져나갔다.

내가 시장조사를 하러 갔을 당시 LA의 버논(Vernon)은 특히 미국 달러숍의 상품공급 집산지 역할을 담당하고 있었다. 주로 물류창고를 보유하고 있는 도매상들이 많이 모

---

* 가격파괴 체인점의 효시 울워스, 〈부산일보〉, 2010년 2월 22일 자.

여 있었는데, 그들은 미국을 위시한 중국, 멕시코, 스페인 등 세계 각국에서 상품을 받아 달러숍에 공급해주는 허브 역할을 하고 있었다.

세제, 칫솔, 치약 등 생활용품에서부터 기초 화장품까지 상품도 엄청나게 다양했다. 나는 그곳에서 균일가 사업의 유통구조와 체인, 특히 상품개발 과정을 눈여겨보았다. 아랍계나 인도계 사람들은 단순히 상품공급만 하는 것이 아니라 직접 달러숍을 운영하며 리테일(소매업)도 했다. 그러다 보니 거래하는 물량이 가히 천문학적이었다. 100만 단위는 보통이었다. 면봉을 예로 들면, 당시 우리는 컨테이너 1대, 많아야 4~5대가 고작이었는데, 그들은 수백 대 단위로 거래를 했다. 입이 떡 벌어지는 규모의 경제였다.

1톤 트럭 분량의 샘플?

스페인의 균일가 시장도 내게 많은 영감을 주었다. 바르셀로나, 알리칸테 등 지중해 연안 도시들은 눈부신 바다와 작열하는 태양을 맘껏 즐길 수 있어 일조량이 부족한 유럽인들이 가장 선호하는 휴양지다. 그들은 한번 휴가를 오면 보통 보름에서 길게는 한두 달을 머물렀다.

눈이 시리도록 파란 하늘과 푸른 바다, 창문이 작은 하얀 집들이 만들어내는 풍광과 노천카페도 이색적이지만 해안선을 따라 즐비하게 늘어서 있는 100페세타숍의 모습도 무척이나 인상적이었다. 거의 100m마다 하나씩 있는 듯했다.

그곳에 휴가를 보내러 온 사람들은 생활 소모품을 대부분 100페세타숍에서 해결했다. 간단한 생활용품은 저렴하게 사서 쓰고, 돌아갈 때는 미련 없이 버렸다. '아, 이런 세상도 있구나.' 새로운 소비패턴이었다.

그러다 보니 상품의 회전도 엄청 빨랐고, 종류도 없는 것이 없었다. 일회용 용기에서 양말, 속옷까지 다 헤아릴 수 없을 정도로 많았다. 난 닷지 트럭을 몰고 다니며 100페세타숍에 있는 상품들을 종류별로 끌어모았다. 한국에 가져가서 하나씩 뜯어보며 연구해볼 심산이었다. 그러나 막상 한국으로 그 샘플들을 부치려고 하니 항공사 직원들이 기겁을 했다. 1톤 트럭 분량이니 그럴 만도 했다. 간신히 여객 화물로 부치긴 했는데, 한국에 도착해서도 문제였다. 공항에서 통관하는데 세관원들이 또 깜짝 놀라는 것이었다. 이걸 혼자 다 갖고 왔냐고. 내가 봐도 가관이었다.

그렇게 고생해서 갖고 온 상품들을 하나하나 뜯어보며 아이디어도 얻고 샘플도 만들어보았다. 핵심 기능만 남기고 주변 기능을 정리하면 단가를 더 낮출 수 있겠다는 생각이 들었다. 또 별것 아닌 것 같아 보여도 작은 정성 하나를 더하면 상품의 가치가 크게 올라간다는 것도 배웠다. 비로소 균일가 상품만이 가질 수 있는 매력과 가치가 보이기 시작했다.

한중수교 이후에는 상품이 아닌 생산라인을 찾아 중국을 수차례 방문했다. 웨이하이(威海)는 한국과 매우 가까워 한국인과 중국인의 왕래가 잦은 곳이었다. 인천항에서 위동 페리호로 밤새 달려 웨이하이에 닿으면 새벽이었다. 중국에서 가장 먼저 일출을 볼 수 있다는 그곳은 기암절벽과 함께 해가 떠오르는 모습이 특히 장관이었다.

중국 공안들로부터 입국 검사를 받은 후 해가 뜰 때까지 기다렸다가 발이 부르트도록 생산라인을 찾아다녔다. 낮은 임금과 풍부한 노동력을 보유하고 있던 중국에서 균일가 상품의 생산기지로서의 가능성을 알아보기 위해서였다.

흔히 아성다이소의 성공요인을 상품 개발력과 소싱

능력이라고들 하는데, 아마도 그때 그토록 열심히 발품을 판 덕분일 것이다. 미국에서 익힌 유통구조와 상품개발 과정, 스페인에서 본 저가상품의 소비패턴과 다양한 샘플제품들, 그리고 중국에서 찾아다닌 생산라인들…. 그 시간이 숙성되어 나온 성과가 아닐까?

대나무 중에서도 특히 최고로 치는 모죽(毛竹)은, 땅 밑에서만 4~5년간 수십 미터까지 오로지 뿌리를 내리는 데 집중한다고 한다. 우리가 보기에는 어느 날 갑자기 뾰족 솟아올라 하루가 다르게 크는 것 같지만, 이미 땅 밑에서 오랜 시간 든든하게 뿌리를 뻗었기에 지상에 나오자마자 쑥쑥 자랄 수 있는 것이다. 마찬가지로 아성다이소 역시 어느 날 갑자기 나타나 성장한 것처럼 보이겠지만, 실은 그런 오랜 준비 기간을 거쳤다.

그러나 그렇게 내실을 다졌어도 비바람을 피해 갈 수는 없다. 그래서 대나무는 쓰러지지 않기 위해 마디를 만든다. 대나무에게 마디는 상처이고 시련이고 좌절이겠지만 그 마디가 곧 성장을 지속시켜주기도 한다. 그런 의미에서 일본 야노 히로타케(矢野博丈) 회장과의 만남은 나에게 성장이기도 했지만 시련이기도 했다.

야노 회장과의 만남

1988년, 한일맨파워를 설립한 후 1년 정도 지나서였다. 오사카에서 열린 100엔숍 연합회 행사에서 처음 야노 히로타케 회장을 만났다.

"우리 회사도 한번 방문해주십시오."

작달막한 키에 유난히 둥근 이마가 넓어 보이는 야노 회장은 전체적으로 다부진 인상이었다. 100엔숍 연합회는 일본에서 100엔숍 균일가 매장을 운영하는 회사들과 공급업체의 모임으로, 1년에 한 번씩 만나 정보도 교환하고 비즈니스의 기회도 마련하는 행사를 열었다. 우리도 당시 일본 균일가숍들과 거래를 하고 있었기 때문에 공급업체이

자 준회원 자격으로 행사에 참석했다.

 당시 나는 야노 회장은 물론 일본 다이소라는 회사에 대해서도 잘 알지 못했다. 지금이야 일본에선 일본 다이소가 마치 균일가숍의 대명사처럼 사용될 정도지만 당시만 해도 지금처럼 큰 회사가 아니었다.

 물론 야노 회장이 일본의 균일가숍을 창시한 사람도 아니다. 앞에서도 설명했지만 균일가숍은 미국이나 유럽 등 선진국에서 이미 100년 이상 그 명맥을 유지해온 소매업의 한 형태다. 마침 일본에서 균일가숍이 빠르게 확산되고 있었고, 야노 회장의 탁월한 사업수완 덕에 일본 다이소는 백화점만큼이나 일본인들에게 사랑받는 소매점으로 자리 잡은 것이다. 그러면서 자연스럽게 야노 회장이 일본 균일가숍을 대표하는 인물이 되었다.

 초창기 야노 회장은 트럭을 몰고 다니며 이런저런 상품을 저렴하게 팔았다. 일종의 이동식 잡화점 같은 형태였다. 날이 저물면 부인과 함께 수많은 상품에 일일이 가격표를 붙이는 것이 일과였다. 하지만 둘째 아이가 태어나면서 부인이 더 이상 일을 거들 수 없게 되자 귀찮고 힘들어진 야노 회장은 물건에 가격표 붙이는 일을 그만두고 가격을 모두 100엔으로 통일했다고 한다. 그런데 이 균일가 전략이 의외로 반응이 좋아서 행사매장을 빌려 짧은 기간 동안 이동 판매를 하다 우리가 만났을 그즈음에는 정식매장을 하나둘씩 출점하고 있었다.

100엔숍 연합회 행사에서 명함을 주고받은 인연으로 나는 1990년 봄에 일본 다이소를 방문했다. 헤어액세서리 중심으로 준비해간 샘플을 보고 매우 만족스러워하는 눈치였다. 그렇게 일본 다이소와의 운명적인 거래가 시작되었다. 다행히 일본 다이소는 우리에게 상품을 공급받기 시작하면서 무섭게 성장했다. 어떤 이들은 일본 다이소 덕분에 우리 회사가 성장했다고 하지만, 반은 맞고 반은 틀린 얘기다. 처음 야노 회장을 만났을 때만 해도 일본 다이소는 내가 거래하고 있던 50여 개 거래처 중 하나일 뿐이었기 때문이다. 어쨌거나 우리의 상품 공급력에 힘입어 일본 다이소는 비약적으로 성장하기 시작했다.

거기에는 일본 사회의 분위기도 한몫했다. 일본 다이소가 1호점을 개설한 1991년, 일본은 거품경제가 꺼지며 장기불황이 시작되었다. 1980년대부터 저금리 통화정책으로 막대한 자금이 주식과 부동산으로 몰렸는데, 일본 정부가 1991년 금융과 부동산 규제를 강화하면서 거품경제가 붕괴되기 시작했다. 주식과 부동산 가격 폭락으로 수많은 기업과 은행이 줄줄이 도산했고 그로 인해 일본은 이후 10년 넘게 0% 성장률을 기록하게 된다. 그 '잃어버린 10년'이 오히려 일본 다이소에는 천우신조였다. 사람들의 소비심리가 급격히 얼어붙으며 저가 생활용품에 눈을 뜨기 시작했기 때문이다

나를 담금질하는 시간

일본 상인들은 굉장히 꼼꼼하다. 품질에 대한 기준이 높기로 유명하다. 그중에서도 가장 까다롭고 뚫기 어려운 시장이 균일가숍이다. 가격과 품질 2가지를 다 맞춰야 하기 때문이다. 품질이 떨어지면 쓰레기 취급을 받았고, 품질을 좋게 만드느라 원가를 올리면 그들이 원하는 가격을 맞출 수가 없었다.

특히 야노 회장은 물건 보는 눈이 까다롭기로 유명했다. 게다가 성격까지 급하다고 업계에 소문이 자자했다. 그러나 정신력과 의지력만큼은 정말 강한 사람이었고 본받

을 만했다. 그는 사업을 하다 7번을 망하고 8번째 좌판부터 다시 시작해 재기에 성공했다. 그러니 일을 대하는 각오 또한 비장했다. 또다시 실패하면 할복자살하고 말겠다는 말을 입버릇처럼 하고 다녔다(그의 꿈은 자살하지 않고 제 명대로 사는 것이라고 했다). 그러다 보니 주위 사람들로부터 '피도 눈물도 없다'는 말을 들을 정도로 냉정하고 집요했다. 특히 상품에 대해서는 누구보다 엄격했다.

"어디서 이런 쓰레기를 가져와요?"

샘플이 마음에 들지 않으면 담당자가 보는 앞에서 심하게 모욕을 주기 일쑤였다. 평소에 유머러스하고 재미있는 면도 많았지만, 상품을 고를 때만은 눈빛이 달라졌고 성격도 예민해졌다. 그러니 웬만한 업체들은 그런 그를 견디지 못했다. 수많은 업체가 납품을 시도했지만 야노 회장의 높은 기준을 통과하는 업체는 몇 곳 되지 않았다.

게다가 난 한국인이었고 한때 큰 제조회사의 생산 책임자로 일하며 주로 지시를 하는 입장이었기에 그런 그의 야멸찬 박대가 더욱 견디기 힘들었다. 야노 회장은 '이런 걸 팔겠다고 가지고 온 거냐'며 가혹할 정도로 퇴짜도 많이 놓았다. 하지만 참았다. 아니, 참는 것밖에 할 수 있는 것이 없었다. 인생에서 더는 물러설 곳이 없다는 절박함과 반드시 성공해야 한다는 간절함이 나를 참게 했다. 사사로운 감정보다는 일은 일로써 풀어가자고 마음을 다독이고 또 다독였다. 오기도 생겼다. 언젠가는 일본 다이소보다 더 나은 균일가숍을 내리라 마음속에 새기며 그와 만나는 시간을 나 자신을 담금질하는 시간으로 삼았다.

한 25년쯤 거래하고 나서의 일이다. 한번은 야노 회장의 친구와 동석한 적이 있었다. 야노 회장이 잠시 자리를 비운 사이 그 친구가 나에게 물었다.

"박 사장님, 사장님은 야노와 몇 년이나 거래를 했습니까?"

"25년째입니다."

"네? 25년이라고요? 하! 야노도 대단하지만 저런 사람하고 그렇게 오래 거래한 당신이 더 대단하군요."

일본 다이소에 납품하며 상품 개발력을 단련시켰다고 해도 과언이 아니다. 다른 업체들이 100엔이라는 판매가를 맞추기 위해 더 싼 제품을 찾아다닐 때, 난 더 좋은 제품을 찾아 세계를 누볐다. 나라마다 원가와 품질 경쟁력이 다르므로 국가별로 특성에 맞는 제품을 발굴했다. 이를테면 베트남에서는 고무나무 원료로 만든 주방용품과 세라믹

화병을, 태국에서는 유리 제품과 포푸리 방향제, 인도에서는 스테인리스 주방용품, 브라질에서는 도자기, 포르투갈에서는 코르크 제품, 스페인에서는 리사이클 유리, 영국에서는 커피 필터를 소싱했다. 비록 가격은 100엔짜리일지라도 품질에 대해서만은 어디에 내놓아도 꿀리지 않을 자신이 있었다. 저가 생활용품 소싱에 관한 한 누구보다 많은 경험과 정보를 축적하고 있었기에 야노 회장과 그토록 오랜 시간 거래를 할 수 있었을 것이다.

여기서 독자들의 이해를 돕기 위해 일본 다이소와 한국 다이소를 구분해서 설명해야 할 것 같다. 일본 다이소는 주식회사 대창산업(株式会社 大創産業)이 운영하는 100엔숍이다. 그러니까 상호는 '크게 번창한다'는 의미의 대창산업이고, 브랜드를 '大創(대창)'의 일본식 발음 '다이소(ダイソー)'로 표기한 것이다.

한편 한국 다이소의 상호는 ㈜아성다이소이고 브랜드가 다이소다. 앞에서 밝혔듯 '아성'은 어머니께서 지어주신 이름이다. 그러니까 일본 다이소는 일본식 발음으로 다이소산교(대창산업)이고, 한국 다이소는 ㈜아성다이소다. 별개의 두 회사지만 다이소산교가 지분출자를 하면서 다이소란 동일한 브랜드명을 쓰게 되었다.

다음 장에서는 독자들이 많이들 궁금해하는 일본 다이소와 한국 다이소가 어떤 관계인지, 왜 지분투자를 받았는지에 대한 이야기를 할 것이다. 독자의 혼란을 줄이고자 일본 다이소는 '다이소산교'로, 우리는 '아성다이소'로 표기를 통일해 이야기를 이어가고자 한다.

위험한 동거

다이소산교와 거래를 시작한 지 5년째쯤 접어든 어느 날이었다.

"앞으로 우리가 주문한 상품은 다른 곳에 공급하지 않았으면 합니다."

야노 회장이 잠시 보자고 하더니 곤란한 부탁을 하나 해왔다. 자신들이 주문한 상품은 다른 경쟁사에 넣지 말아 달라는 것이었다.

물량이 많아질수록 단가를 낮출 수 있고 그만큼 이윤도 커지기 때문에, 우리는 한 아이템을 개발하면 여러 업체에 소개해 가능한 한 많은 양을 주문받았다. 물량이 적으면 그만큼 원가도 높아지기 때문이다. 그렇다고 다이소산교에 일정 분량을 강매할 수도 없는 노릇이었다. 야노 회장도 그 사실을 모를 리 없었다. 나는 일단 야노 회장의 의견을 존중하기로 했다.

그나마 다이소산교가 일본 균일가숍 시장에서 급속도로 성장하고 있었기 때문에 이곳에만 집중해도 일정 물량은 소화할 수 있을 것이란 기대도 있었다. 상품의 중복을 피해 가면서 다른 거래처와도 거래를 이어갔다.

그런데 1년 정도 흐른 어느 날, 야노 회장이 또 다른 부탁을 해왔다.

"앞으로 다른 100엔숍에는 상담을 가지 말았으면 합니다."

순간 당황스러웠다. 다른 업체와의 상담을 모두 끊고 자신들하고만 거래해달라는 말 아닌가. 1년 전의 부탁과는 차원이 달랐다. 우리 상품을 독점적으로 공급받아 경쟁 균일가 업체와 상품을 차별화하겠다는 계산일 것이었다. 그러나 이번만큼은 선뜻 그렇게 하겠다고 대답하기가 어려웠다.

물론 배타적 거래를 요구할 만큼 우리 상품과 나에 대

한 신뢰가 크다는 점은 감사할 일이다. 그러나 우리 상품을 다이소산교가 독점한다는 것은, 생명줄을 내주는 것과 같았다. 만일 다이소산교에 올인했다 거래관계가 갑자기 끊어지면 어떻게 할 것인가. 또 그동안 거래를 해왔던 다른 업체와의 관계를 무 자르듯 단칼에 잘라낸다는 것도 상도가 아니었다. 그래서 나는 기존 거래처에서 들어오는 재주문만 관리하면서 신상품 상담은 서서히 줄여갔다.

그러던 어느 날 상담을 마칠 무렵 야노 회장이 물었다.

"이제 서울로 가십니까?"

"그…, 그래야죠."

"마침 공항에 나갈 일이 있으니 제가 태워드리겠습니다."

상담을 마친 후 짐을 챙기고 있을 때였다. 야노 회장이 다음 행선지를 묻더니 직접 공항까지 차를 태워주겠다며 앞장서는 것이 아닌가. 원래 다른 업체와의 미팅이 잡혀 있었지만, 내색할 수가 없었다. 차를 타고 히로시마 공항까지 가는 내내 가시방석에 앉아 있는 듯 불편했다. 공항에 도착해서도 나는 짐짓 탑승권을 발권하는 곳까지 들어갔다. 그리고 야노 회장이 떠나는 것을 확인한 후 다시 나와 택시를 잡았다. 그렇게 히로시마 기차역으로 달려가 신칸센을 타고 다른 업체와의 약속 장소로 향했다.

다행히 다이소산교는 1990년대 중반부터 일본 균일가숍을 평정하기 시작했다. 매장도 순식간에 1,000여 개 가까이, 연간 거래량도 2억 달러까지 늘었다. 다이소산교는 이후 거의 10년간 비약적으로 성장했고, 2009년쯤 3조 원의 매출을 기록할 정도의 거대 소매점으로 성장했다. 그뿐 아니라 일본 균일가 소매업의 60% 이상을 점유하게 된다.

덩달아 우리도 다른 거래처는 신경 쓸 틈이 없을 만큼 바빠졌다. 비로소 보따리 장사에서 벗어나 제대로 된 무역업체의 규모를 갖게 되었지만, 회사의 가파른 성장만큼이나 나의 불안감도 커지기 시작했다. 다이소산교에 전적으로 의존하고 있는 사업모델의 위험성 때문이었다.

한국 최초의 균일가숍을 열다

그렇게 전적으로 다이소산교에 의존하다 갑자기 거래가 중단되면 어떡하나? 만에 하나 그런 일이 생긴다면 회사 문을 닫아야 할지도 몰랐다. 그렇다면 직원들은 또 어떻게 한단 말인가? 생각만 해도 등에 식은땀이 흘렀다.

야노 회장은 거래처 관리가 까다롭기로 일본 내에서 소문이 자자했다. 한 업체와 3년 이상 거래하지 않는다는 이야기가 공공연히 나돌았다. 오래 거래하면 상대 회사가 나태해지기 때문이라나…. 심지어 주거래은행조차 마음에 들지 않으면 바꿔버렸다.

지금이야 좋은 관계를 유지하고 있더라도 내일 당장 거래를 끊을 수 있었다. 야노 회장이라면 그렇게 해도 전혀 이상하지 않았다. 최악의 상황에 대비해 최소한의 비상대책이라도 마련해 놓아야 했다. 만에 하나 다이소산교와 거래가 중단된다면 그동안 개발해온 상품을 토대로 내수 유통이라도 해야 먹고살 수 있지 않을까?

사실 국내에 균일가 소매점을 열어야겠다는 생각은 하루 이틀 한 것이 아니다. 생활용품 시장이 우리보다 앞섰던 일본에서 배우기를 멈추지 않았으며, 품질 좋은 상품을 저렴하게 살 수 있는 소싱구조도 갖추어놓은 터였다.

다이소산교가 아니더라도 사업 다각화는 당면한 문제였다. 그즈음 국내의 많은 무역회사도 사업 다각화를 시도하고 있었다. 저렴한 국내 인건비로 급성장하다 1980년대 중국과 같은 신흥 제조 강국이 등장하자 삼성물산이나 LG

상사 같은 기업들도 건설이나 패션 등 다른 산업으로의 진출을 모색하고 있었다.

이제 때가 무르익은 것 같았다. 균일가 생활용품 소매점의 시장성에 대해 어느 정도 확신이 섰고 어차피 다이소산교에 수출하기 위해 개발한 상품을 국내 시장에 판매하는 사업이라 부담도 적었다. 일본 균일가숍에 오랫동안 상품을 개발해서 납품해본 경험도 있으니 충분히 성공할 수 있겠다는 자신감도 들었다. 그래서 아성다이소의 모태인 한일맨파워는 균일가 상품을 개발하고 수출하는 무역회사 역할을 전담토록 하고 ㈜아성다이소를 통해 국내 균일가숍 출점의 기회를 엿보고 있었다.

기회가 된 외환위기

1997년 5월, 신록의 빛깔이 점점 짙어질 무렵 천호동에 13평 남짓한 '아스코이븐프라자'가 문을 열었다. 한국 최초 균일가 소매 1호점이었다. 우리는 이미 일본에 수출하던 2만 가지 아이템을 가지고 있었기 때문에 매장을 구성하는 데는 별 문제가 없었다. 다행히 천호동 매장의 반응은 기대 이상으로 좋았다.

"이거 정말 1,000원 맞나요?"

처음 매장을 찾은 고객들은 상품과 가격표를 번갈아 보며 몇 번이나 고개를 갸웃거렸다. 가격이 너무 저렴해서인 듯했다. '천원숍'이라는 개념이 생소했기에 고객들은 다양한 상품을 단돈 1,000원에 살 수 있다는 사실이 무척 신기했던 모양이다. 그러나 선뜻 지갑을 열지는 않았다. 품질에 대한 확신이 없었기 때문이다.

하지만 막상 사용해보니 품질이 기대 이상으로 만족스러웠고, 그러자 입소문이 나면서 고객들의 장바구니도 점차 그 부피가 커지기 시작했다. 그런데 1호점을 연 바로 그해 가을 IMF 외환위기가 우리나라를 강타했다.

"시청자 여러분, 정부가 결국 국제통화기금 IMF에 구제금융을 신청하기로 했습니다. 경제우등생 한국의 신화를 뒤로 한 채 사실상의 국가 부도를 인정하고, 국제기관의 품 안에서 회생을 도모해야 하는 뼈 아픈 처지가 된 겁니다."

1997년 11월 21일, MBC 뉴스데스크를 시작하며 이인용 앵커가 한 오프닝 멘트다. 앵커는 비통한 목소리로 우리정부가 IMF에 구제금융을 신청했음을 알렸다. 국가적으로는 초유의 경제적 비상사태였지만 다행인지 불행인지 우리에겐 기회로 작용했다. 허리띠를 졸라맨 사람들이 저가 생활용품점인 우리 매장을 많이 찾아주었기 때문이다.

그러면서 아스코이븐프라자는 이듬해 '한국 프랜차이즈 대상'을 수상했고, 불황형 업태로 주목받기 시작했다. 다이소산교에 버블붕괴가 천우신조였던 것처럼, 아성다이소에도 외환위기가 기회였던 것이다.

아스코이븐프라자의 성공과 함께 '천냥'이니 '천원'이니 하는 비슷한 이름을 단 균일가숍이 잇달아 생겨났다. 균일가 판매라는 점은 비슷했지만, 그 내용은 완전히 달랐다. 우리는 생활용품 균일가숍이라는 콘셉트에 맞는 상품구성을 갖추고 있었지만, 다른 균일가숍은 대부분 부도난 회사들의 땡처리 상품을 판매하는 정도였다.

그러다 보니 상품의 품질은 물론 구성면에서도 우리와 비교가 되지 않았다. 경쟁은커녕 그런 업체들 때문에 본의 아니게 피해도 많이 봤다. 우리까지 도산한 회사의 상품을 판매하는 떨이 매장 취급을 받았다. 그런 오해와 편견에서 벗어나기까지 많은 시간이 필요했지만 결국 고객들은 진가를 알아봐 주었고, 아스코이븐프라자는 진정한 의미에서 우리나라 최초의 균일가숍이 되었다.

"손님 그만 받습니다!"

"쟤들 1,000원짜리 상품 팔아서 어떻게 매장을 운영한다는 거지?"

"언제 망하는지 한번 두고 보자."

아스코이븐프라자 의정부점은 의정부 육거리 제일시장에서 40평 규모의 임대매장에서 출발했다. 우리가 매장을 열기 전에는 옷 장사를 하던 가게였다. 값비싼 의류매장도 임대료를 감당하지 못해 나가떨어졌는데, 그 자리에 1,000원짜리 상품을 판매하는 매장이 들어온다니 어이가 없었던 모양이다. 주변 사람들은 '언제 망해서 나가나 보자'며 수군거렸다. 하지만 곧 그들의 예상이 빗나갔다. 가게 문을 열자마자 손님들이 인산인해로 밀고 들어오는 바람에 영업을 중단해야 할 정도였다.

"그만 들어오세요. 문 닫습니다. 조금 있다가 오세요."

혹여 안전사고라도 날까 봐 매장 관리자가 문을 닫았다 열기를 세 차례 이상 반복했다. 40평짜리 매장에서 1,000원짜리를 팔아 일매출 1,500만 원을 찍었으니, 얼마나 많은 사람이 몰려들었는지 짐작할 수 있을 것이다. 수백 명이 한꺼번에 몰리다 보니 매장 인근의 오뎅, 떡볶이 가게까지 손님으로 북새통이었고, 시장이 완전히 마비될 정도였다.

반신반의하며 시작했던 한국형 균일가숍 아스코이븐프라자는 나를 포함해 많은 사람이 생각했던 것보다 빠르게 그리고 성공적으로 시장에 안착했다. 점포 출점에 가속도를 붙여 1호점을 낸 지 4년 만인 2001년 초 100호점을 돌파했다. 최악의 상황에 대비한 작은 버팀목 하나 정도는 마련했다는 안도감이 들었다. 숨통이 조금 트이는 기분이었다.

다이소산교로부터 지분투자를 받다

1호점을 열자마자 가파르게 성장하던 아스코이븐프라자는 다이소산교로부터 지분투자를 받게 된다. 이 이야기를 하려면, 야노 회장이 일본 다른 균일가 소매점과의 거래관계를 청산해달라고 요청한 그때로 다시 거슬러 올라가야 한다.

야노 회장이 다른 경쟁업체에 물건을 납품하지 말아달라고 했을 때 난 최소한의 안전장치로 한국 균일가숍에 대한 지분투자를 요구했었다. 야노 회장이 거래를 그만두자고 하면 언제라도 받아들일 수밖에 없는 입장이었으니, 계약상 거래 보장 같은 것을 할 수 없다면 지분투자라도 받아야 리스크를 줄일 수 있지 않을까 싶었다.

그러나 당시 야노 회장은 내 요구에 별 대답이 없었다. 그러다 3년여가 지난 2001년에서야 합작투자 계약을 하기로 결정하고, 다이소산교는 우리 아성산업에 34%에 해당하는 자본을 출자했다. 우리는 비즈니스 차원에서 약 4억 엔(당시 원화로 약 39억 원)의 투자를 받고 아스코이븐프라자를 다이소란 이름으로 변경했다.

아스코이븐프라자는 아성코퍼레이션의 알파벳 약자인

'ASCO'를 브랜드명으로 사용하고 있었다. 언젠가는 해외에 진출할 것이라는 생각으로 지은 브랜드명이었지만, 일반 소비자가 보기엔 좀 생뚱맞고 발음하기도 어려웠을 것이다. 그런데 다이소는 '다 있소'를 연상시키는 어감이 재미있기도 했다. 하지만 난 다이소라는 브랜드명 때문에 이후 혹독한 곤욕을 치르게 된다.

지금 생각해보니 100호점이나 낸 아스코이븐프라자를 다이소로 덜컥 변경한 것은 성급한 판단이었던 것 같다. 이 브랜드명이 이토록 오랜 기간 우리의 발목을 잡게 될 줄 몰랐다. 만일 아스코이븐프라자라는 점포 이름을 그대로 유지했으면 어땠을까? 역사에 만약은 없다지만 적어도 그랬다면 오늘날 일본 기업이란 오해는 받지 않았을 텐데 말이다.

"일본 기업 아닌가요?"

"다케시마 후원기업이라면서요?"

2013년쯤이었을 것이다. 일명 '다케시마 후원기업' 리스트라는 것이 돌았다. 독도를 다케시마로 바꾸자는 일본 극우단체 활동에 일부 기업이 후원했는데 거기에 아성다이소가 포함되어 있다는 루머였다. 그러면서 아성다이소가 일본 기업이라는 국적 논란에 휩싸이게 되었다.

우리는 다케시마 후원기업도 아니고 일본 기업은 더더욱 아니다. 심지어 다이소산교도 그런 일에는 전혀 관여하고 있지 않았다. 회사 차원에서 이 일과 무관하다는 공식 입장을 발표하고 기자 간담회, 인터뷰 등을 통해 이 사실을 알렸다. 사이버수사대에도 수사를 의뢰했고, 매장마다 안내문을 써서 붙여놓기도 했다. 하지만 관련 루머는 좀체 사그라지지 않았다. 다이소라는 브랜드명을 공유하다 보니 이런 오해가 생긴 것이었다.

이 일이 있고 난 뒤 우리는 독도사랑 운동본부와 독도사랑 업무협약을 맺고 후원을 시작했고, 그 활동은 지금까지도 이어지고 있다. 우리가 정말 일본 기업이라면 이런 일이 어떻게 가능할까. 그런데 이번에는 반대로 일본에서 난리가 났다. 아성다이소를 일본 기업으로 알았던 일본 네티즌들이, 다이소산교가 독도사랑 운동본부를 후원한다며 들고 일어난 것이다.

이 일로 다이소산교 측이 우리에게 불만을 토로하기도 했다. 심지어 일본 우익단체로부터 협박도 받았다. 하지만 우리의 입장은 단호했다. 우리가 일본 기업이었다면 결코 그렇게 하지 못했을 것이다.

전략적 파트너

앞에서 설명했지만 다이소산교는 단지 우리의 전략

적 사업 파트너일 뿐이다. 다이소산교는 아성다이소의 무역하는 모기업인 한일맨파워를 통해 구매를 한 것이고, 한일맨파워는 저가 생활용품을 일본에 수출한 것이다. 일본에 수출을 가장 많이 할 때는 금액이 2,142억 원(2003년 기준)에 달하기도 했다. 당시 우리나라는 대일 무역역조가 극심한 상황이었는데, 그 틈새에서 대일 수출 물량을 늘려가면서 무역역조를 다소나마 개선하는 데 기여했다고 자부한다. 어쩌면 다이소산교와 아성다이소는 시기상 서로에게 절묘한 시너지 효과를 발휘한 전략적 파트너였다는 것이 정확한 표현일 것이다.

그렇게 비즈니스를 이어가다 우리 회사의 상품을 높이 산 야노 회장이 본인에게만 납품하기를 요청했고, 34%의 지분출자를 하기에 이르렀던 것. 엄밀히 말하면 외국인투자촉진법에 따라 야노 회장이 지분을 투자한 것이다. 그런데 비즈니스 협력관계를 맺으며 다이소 브랜드명을 공동으로 사용하기 시작한 것이 일반인들의 오해를 가져온 것 같다.

이를 두고 일본 기업이라고 한다면 우리나라에 외국 기업이 아닌 회사가 얼마나 될까. 삼성전자와 네이버는 외국계 지분이 60%에 달한다. 그렇다고 이들 기업을 외국기업이라고 할 수 있을까? 국내에 회사가 있고 경영권을 갖고 있으면서 고용이나 생산활동을 통해 국익에 도움이 된다면 우리나라 기업이 아닌가.

물론 다이소산교가 지분을 이유로 경영에 참여한다거나 매장운영에 대해 관여하는 부분은 전혀 없다. 브랜드 사용료를 지불한 적도 없으며, 브랜드 로고 자체도 다르다. 아성다이소에 대한 의장등록도 우리가 가지고 있다. 그러니 우리는 순수 토종 한국 기업이다. 오히려 요즘은 다이소산교가 우리의 매장운영 노하우와 물류시스템 등을 벤치마킹하고 있을 정도이다. 게다가 중국에서는 아성 관계사에서 투자설립한 하스코(HASCO)와 다이소산교의 다이소차이나가 서로 경쟁하고 있다.

어떤 이들은 우리 수익의 일부가 일본으로 건너가는 것 아니냐는 의문을 제기하기도 한다. 판매수익금 배당은 지금까지 한 3회 정도 한 것으로 기억한다. 투자를 받은 후 10여 년은 고작 1~2%의 이익을 남기다 보니 배당은 생각할 수도 없었다. 그러다 남사허브센터 완공 이후 줄어든 물류비용이 원가에 반영되면서 이익률이 조금씩 올라가 3년 정도 현금 배당을 했다. 하지만 그 이후로는 더 이상 배당을 하지 않았다.

끈질기게 이어지는 국적 논란

2014년 대한민국 유통대상 후보 업체를 선정할 때의 일이었다. 아성다이소가 대통령상 후보로 최종심사에 오를 때 작은 논란이 있었다고 한다. 심사위원 가운데 한 분이 일본 기업인 다이소가 과연 이런 상을 받는 것이 적절한지에 대해 문제를 제기했다는 것이다. 대한민국 유통대상은 유통산업 발전에 공로가 큰 기업에 수여하는 국내 최고 권위의 상이다. 아성다이소는 대규모형 매장 업태의 창조경영 부문에서 대통령상 후보에 올라 있었다.

특히 백화점, 대형마트 등 쟁쟁한 대형 유통업체를 비롯해 본선에 오른 50여 개 기업 중에 최종후보에 오르며 창조경영에 이바지했다는 점에서 가장 높은 평가를 받았다. 문제를 제기한 심사위원은 그런 중요한 상을 국내 기업을 제치고 외국기업으로 오해받는 아성다이소에 수여하는 것이 염려스러웠던 모양이다. 관계자의 설명을 통해 오해를 풀면서 단순한 헤프닝으로 끝났지만, 그 이야기를 전해 들으면서 무척이나 당혹스러웠던 기억이 났다.

그러나 그것으로 끝이 아니었다. 아성다이소가 일본 회사라는 구설은 한일관계의 문제가 불거질 때마다 끈질

기게 수면 위를 오르내린다. 2019년 한일 무역분쟁으로 일제 불매운동이 거세게 일자 국적 논란이 다시 제기되기도 했다.

분명한 것은 ㈜아성다이소는 내가 창업해서 30년간 이끌어온 순수 토종 한국 기업이란 점이다. 30여 년간 꾸준히 한 걸음 한 걸음 성장해왔다. 우리 손으로 일군 토종 기업인데 언제쯤 일본 기업이란 오해와 멍에에서 자유로워질 수 있을지…. '다이소'로 브랜드명을 바꾼 것을 뒤늦게 후회도 해보았지만, 이미 고객들에게 익숙해진 이름을 바꾼다는 것도 쉽지 않다. 그럼에도 브랜드명을 바꿔야 할지 이만저만 고민이 아니다.

여기까지인가!

기업의 수명이 점점 짧아지고 있다고 한다. 세계 기업의 평균수명은 13년 정도, 미국 기업은 15년 전후, 한국 기업은 10~12년 정도라는 것이다. 최근 글로벌 컨설팅사 맥킨지가 조사한 바에 따르면 1935년에는 90년 정도였던 기업 평균수명이, 1970년에는 30년, 2015년에는 15년으로 단축되었다. 사람으로 치면 꽃다운 나이에 제대로 한번 펴보지도 못하고 요절하는 셈이다. 다이소산교에 상품 수출을 전담하던 한일맨파워(아성다이소의 모기업)도 하마터면 15살을 넘기지 못할 뻔했다. 그토록 우려하던 일본과의 거래가 거의 끊겼을 때의 일이다.

다이소산교가 아성다이소에 합작투자를 할 즈음 일본은 경기 불황으로 문을 닫는 상가가 많았다. 임대료는 바닥을 친 반면 임대매물은 넘쳐났다. 다이소산교는 이 위기를 기회 삼아 매장 수를 속속 늘렸을 뿐만 아니라 수십 평에 불과했던 평수도 수백 평 규모로 확장하기 시작했다. 그만큼 채워야 할 상품도 많아졌고 개발해야 할 신상품도 늘었음은 물론이다. 덩달아 우리도 바빠졌다. 45일마다 한 번씩 상담을 가는 모습은 가히 장관이었다. 40명이 넘는 직원들이 똑같이 생긴 시커먼 가방을, 그것도 하나도 아닌 3개씩 포개서 공항 수화물 카트에 싣고 이동하는 모습은 사람들의 눈길을 끌기에 충분했을 것이다. 15kg은 족히 돼 보이는 검은 가방 150여 개가 검수대 앞에 길게 늘어서 있는 모습도 그냥 지나칠 수 없는 풍경이었으리라. 어떤 때는 비행기 1대에 화물이 다 안 실려 짐을 줄이느라 진땀을 빼기도 했다.

  다이소산교에 도착하면 별도의 상담 공간에서 아침 8시부터 자정까지 일주일간 쉴 새 없이 상품을 놓고 상담을 했다. 다이소산교 MD는 상품을 한눈에 볼 수 있도록 바닥에 펼쳐놓고 허리를 굽혀 꼼꼼히 살폈다. 수천 수백 가지 아이템을 들고 가서 90% 이상 오더를 받아냈다. 그만큼 상품에 대한 만족도가 높았기 때문이다. 덩달아 수주 금액도 수백억대로 올라갔다. 다이소산교와 한일맨파워 간의 거래는 이처럼 순탄하게 진행되는 듯했다.

다이소산교의 무리한 요구

그런데 대규모 매장이 점점 늘어나면서 다이소산교가 한일맨파워에게 직배송을 요구했다. 그전까지는 주문 제품을 일괄적으로 다이소산교 물류창고로 한꺼번에 발송하면 그만이었다. 그런데 앞으로는 일본 각지에 퍼져 있는 2,000여 소매점포에 제품을 일일이 개별 발송해달라는 것이었다.

이해가 안 되는 것은 아니었다. 당시 다이소산교는 임대창고를 이용하고 있었는데, 점포가 늘고 상품이 많아지자 물류비용과 창고보관료가 감당하기 힘들 정도로 늘어났기 때문이다. 이는 곧 원가율 상승과 이윤의 하락을 의미했다.

그 물류비용과 창고보관료를 우리에게 전가한 것이다. 하지만 직배송을 하게 되면 우리의 물류비용이 크게 올라 공급단가를 맞출 수 없었다. 천문학적인 비용이 든다는 그 물류센터를 갑자기 뚝딱 지을 수 있는 것도 아니고 개별 발송 비용은 또 어떻게 감당한단 말인가. 참으로 난감하지 않을 수 없었다.

더욱이 다이소산교 구매부에서는 중개수수료를 절감하기 위해 한일맨파워의 주거래선인 제조업체에까지 손을 뻗어 직접 제품을 구매하기 시작했다. 당시만 해도 다이소산교는 중국 비즈니스 경험이 거의 없었다. 방대한 중국 제조업자 네트워크를 구축하고 있는 한일맨파워를 통해 제품을 구매해왔는데, 원가를 줄이기 위해 중국 제조업자에게 직접 주문하기 시작했다.

한일맨파워에겐 비용이 많이 소요되는 다품종 소량 품목만을 주문했다. 물량은 줄었는데 상품 가짓수는 늘다보니 우리로서도 이중고가 아닐 수 없었다. 이러지도 저러지도 못한 채 시간만 가고 있었다.

다이소산교가 막강한 구매력으로 일본 생활용품 균일가숍의 황제로 군림하던 시절이었다. 다이소산교 앞에는 파격적인 가격 조건으로 제품을 공급하겠다고 세계 각지에서 모여든 판매상들이 항상 장사진을 이루고 있었다. 이들 중 극소수의 업자만이 제품을 공급할 수 있었다. 한번 거래를 시작했다고 해서 그 거래가 지속적으로 유지되는 것도 아니었다. 제품에 대해 극히 세밀한 부분까지 간섭하기 때문이었다. 그나마 우리로부터 수입상품의 1/3이 넘는 제품을 조달받고 있었는데 다이소산교는 우리와 거래하던 많은 상품을 직접 구매하겠다고 나선 것이다.

고통스러운 시간

주문이 무서운 속도로 뚝, 뚝 떨어졌다. 2006년에는 수출액이 절반으로 떨어졌다. 반면 수출 품목 가짓수는 거의 4배 가까이 늘었다. 다이소산교에 절대적으로 의존하고 있었던 우리에겐 위기가 아닐 수 없었다. 다이소산교 요청에 따라 다른 업체들과 거래를 모두 끊은 상황이어서 더욱 그랬다. 다이소산교가 유일한 거래처였기 때문이다.

그래도 한 달 반마다 신상품을 준비해 꼬박꼬박 출장을 갔다. 주문은 거의 받지 못했다. 100가지 아이템을 가지고 가면 3~4가지도 주문을 받지 못했다. 매번 동행하는 수많은 직원 보기가 민망할 지경이었다. 심지어 그들은 우리가 갖고 간 샘플과 똑같은 상품을 다른 업체로부터 주문해

팔기도 했다. 아이디어만 도용당한 느낌이었다. 그럼에도 우리는 묵묵히 상품을 꾸려 출장 상담을 하러 갔다. 허탕을 쳐도 포기하지 않고 더 좋은 상품을 개발해서 가지고 갔다. '신뢰를 지키려 다이소산교에 올인했는데 이렇게 한순간에 찬밥 신세가 되다니….' 배신감도 들었지만 그들의 요구를 들어주지 못하는 것은 우리 사정이니 뭐라고 할 수도 없었다.

이 어려운 과정을 어찌 넘어설 것인지… 생각만으로도 가슴이 먹먹했다. 시간이 갈수록 일본에 출장 가는 것 자체가 부담스러워졌다. 그렇다고 안 갈 수도 없었다. 눈앞에 거대한 산이 나를 가로막고 있는 기분이었다. 그래도 꾸준히, 흔들림 없이 가다 보면 이 어려운 고비도 넘길 수 있으리라. 이는 내 앞에 놓인 현실이었고 또 내가 견디고 극복해야 할 현실이기도 했다. 나 자신과의 싸움이기도 했다. 물건을 주문받으러 간다기보다는 나를 담금질해서 더 단련하자는 생각으로 무거운 발걸음을 감행했다.

물론 그전에도 심리적으로 힘든 적은 많았다. 상담에 앞서 유리한 고지를 점령하려는 듯 일본의 구매부 직원들은 우리 직원들의 기를 먼저 죽였다. 직원들 앞에서 수장인 내게 가차 없이 모욕을 주기도 했다. 그렇게 기선을 제압하려는 듯했다. 그래도 내가 일본 상담에 동행했던 것은 몸으로 막으며 현장을 보고 느끼기 위해서였다. 긴장을 놓지 않기 위해서였다. 클레임 건으로 심하게 모욕을 받은 날, 옆에 있던 직원들은 고개를 못 들었다.

"그러니까 잘해."

그 어떤 잔소리보다 느끼는 바가 많았을 것이다. 그렇게 7일을 마라톤으로 상담하고 한국으로 돌아오던 어느 날이었다. 공항으로 가는 버스를 타자 뒤에서 "푸우~" 하는 소리가 들려왔다. 한 직원이 자리에 앉자마자 긴장이 풀려 자신도 모르게 한숨을 내쉰 것이었다. 가슴 깊은 곳에서부터 터져 나온 듯했다. 나도 이렇게 힘든데 오죽하겠나 싶어 마음이 짠했다.

그렇게 수년간 다이소산교와 거래가 거의 끊기며 받은 경제적인 타격은 이루 말할 수가 없었다. 가뭄에 타들어 가는 나무처럼 비실비실 말라가는 기분이었다. 물론 나름의 해결책을 찾기 위해 고심했다. 다이소산교와 공동 출자해 부산 항만에 대규모 물류 거점을 건설할 계획도 세워 보았다. 하지만 관세법이 문제가 되었다. 중국 제품을 중국에서 직접 일본에 수출하면 우대관세 혜택을 받을 수 있지만, 우리가 수입해 부산을 통해 일본으로 수출하면 우대관세를 받을 수 없었다. 그래서 물류창고 건설도 무산되고 말았다.

'여기까지인가!'

'처음부터 다시 새로운 거래처를 뚫어야 하나…'

그런 상태로 몇 년이 흘렀다. 다이소산교 측에서 물류부문의 어려움을 해결하기 위해 전국에 산재해 있던 임대창고를 통합해 직접 물류센터를 건설했다. 그러면서 직송에 대한 부담을 떨쳐낼 수 있었고 비로소 다시 주문이 들어오기 시작했다.

무척 고통스러운 시간이었다. 그나마 천만다행인 것은 다이소산교와 거래절벽을 겪는 동안 국내 균일가 매장이 급성장을 거두었다는 것. 만약에 국내의 내수사업이 없었더라면 위기를 견뎌내지 못했을 것이다.

천 원을 위한
천억 원의 투자

한일맨파워는 다이소산교와 거래절벽을 겪으면서 힘든 시간을 보냈지만, 국내 유통을 하는 아성다이소는 성장을 지속해갔다. 2000년 초 100개 안팎이었던 매장 수는 2005년 300개로 늘어났으며 2008년에는 500개를 돌파했다. 매출도 연 20%씩 빠른 성장세를 보였다.

그러자 또 다른 고민이 생겼다. 매장도 늘고 취급 상품 수도 2만 개를 훌쩍 넘다 보니 하루에 수백만 개씩 상품이 팔려나갔고 또 그것을 채워 넣어야 하는 일상이 반복되었다. 당시 매장 평균 구매자 수를 대략 700명으로 본다면, 평균 구매상품 수를 3개씩만 잡아도 한 매장에서 2,000개가 넘는 상품이 판매된다는 것이었다. 특히 상품의 종류가 증가하다 보니 물류에 지나치게 많은 인력이 투입되고 있었다.

기흥과 일죽, 청원 등 세 곳에 임대 물류센터를 운영하고는 있었지만, 불과 몇 년 사이 매장이 빠르게 늘며 그마저 과부하에 걸려 있었다. 물류비용 증가로 영업이익률도 1%대로 떨어졌다. 이러다가는 1,000원대 가격 유지가 어려워질 수 있겠다는 생각이 들었다. 특단의 조치가 필요했다.

바닷가재는 성장 과정에서 몸이 커지면 껍질을 벗는다. 이때 껍질을 벗지 않으면 단단한 껍질 속에 갇혀 일찍 죽게 되기 때문이다. 바닷가재 수명이 얼만지 아는가? 탈피만 제때 하면 길게는 100년 이상 살 수도 있다고 한다. 그러니까 바닷가재의 장수 비결은 바로 '탈피'에 있는 것이다.

우리에게 물류센터야말로 바닷가재의 껍질 같은 것이었다. 그래서 물류 개선에 통 큰 투자를 하기로 결심했다.

약 1,200억 원을 투자해 용인시 남사읍에 물류허브센터를 건설하겠다고 하자 많은 이들이 황당하다는 반응을 보였다. 특히 가까운 지인들은 도대체 나를 이해할 수 없다면서 한마디씩 했다.

"아니, 자네 정신 나간 것 아냐? 미쳤어? 도대체 왜 그런 일을 하는 거야?"

1,000원짜리 상품 팔아 10원 남긴다더니, 1,000억 원을 들여 물류센터를 짓겠다고? 제정신이냐고 묻는 사람이 많았다. 차라리 그냥 1,000억 원으로 노후를 편하게 보내라는 진심 어린 조언도 해주었다. 그러나 막연한 호기로 시작한 일은 결코 아니었다. 나로서는 중대한 기로에 서 있었다. 그런데 1,000억 원이 넘는 이 야심 찬 프로젝트는 기초작업에서부터 문제가 생겼다.

'회사가 이런 식으로도 망할 수 있구나…'

"땅 밑에서 거대한 바위층이 발견됐습니다."

땅을 파다 보니 거대한 바위층이 발견되었다. 그 상태로는 건물을 짓기 어려워 고난도의 돌관작업을 수행해야 했다. 그러면서 예상했던 것보다 비용도 추가되고 공사 기간도 길어졌다. 게다가 엎친 데 덮친 격으로 이듬해 2012년은 유난히 기상이변이 심했다. 여름도 무더웠지만 가을 태풍으로 비가 많이 내려 공사에 어려움이 많았다.

난감한 일이 아닐 수 없었다. 기존 물류센터는 새 물류센터의 완공 예정에 맞춰 비워주기로 했다. 입주일이 다가오자 부랴부랴 보관상품을 옮겼다. 다행히 새 물류센터는 늦게나마 완공이 되어 임시변통으로 빈 공간 여기저기에 상품을 쌓아둘 수 있었다.

하지만 문제는 최신식 운용 시스템을 전혀 쓸 수가 없다는 점이었다. 제대로 분류되지 않은 상품은 여기저기 무작위로 적재돼 있었고, 그 상태에서 매일 매장으로 출고될 상품을 찾는 것은 전쟁터를 방불케 했다. 상품을 찾으러 가면 자리가 바뀌어 있는 일이 다반사였다.

대지면적 5만 7,000m^2(1만 7,000평) 위에 지하 2층, 지상 7층으로 세운 남사허브센터는 연면적 10만 6,000m^2(3만 2,000평)로 축구장 15개 크기다. 규모나 시설 면에서 그야말로 초대형, 최첨단 물류창고였다. 특히 노동력 절감과 작업 효율 향상에 중점을 두고 설계되었다. 고속의 크레인이 탑재된 '자동화 창고'와 독일에서 발주한 최첨단 '자동분류장비', 그리고 작업자의 생산성과 설비의 최적화를 위한 '물류

정보시스템'을 도입했다. IT기업 LG CNS와 손잡고 대부분 수작업으로 진행되던 입고와 보관, 피킹(picking), 분류, 출하까지 전 과정을 사전 계획하에 자동으로 처리할 수 있도록 했다.

내가 그린 그림은 이런 것이었다. 46m 높이인 자동화 창고와 국내에서 가장 긴 6.6km 길이 컨베이어 벨트가 작업장과 설비들을 이어주며 쉴 새 없이 상품의 입고와 출고가 반복된다. 작업자는 상품을 찾아 옮길 필요 없이 물류센터 관리·제어 소프트웨어에 주문을 입력하면 상품 박스마다 붙어 있는 바코드를 통해 품목과 수량을 인식한 뒤 자동으로 이동한다. 상품은 스스로 갈 곳을 찾아 척척 움직이며 전국 다이소 매장의 재고 상태를 실시간으로 파악해 하루 4번 각지로 상품을 배송한다….

하지만 현실은 물류대란이었다. 국내 최고 수준의 성능을 자랑하는 스태커 크레인과 무인 운반차가 다 무슨 소용이란 말인가. 시스템이 안정화되지 않아 제대로 운용할 수가 없는데.

유난히도 추운 겨울, 본사 직원까지 총동원돼 맨손으로 직접 상품을 옮겼지만 매장에서 요구하는 상품의 30%

밖에 출고하지 못했다. 기대를 한 몸에 모았던 남사허브센터는 오히려 거대한 위기를 만들어내고 있었다.

매장이 텅 비어가자 고객들은 발길을 돌렸다. 제때 상품을 받지 못한 가맹점주들의 불만도 거세졌다. 다이소가 망한다는 소문까지 돌았다. 언제 시스템이 정상화될지도 알 수 없었다. 매출도 큰 폭으로 떨어지면서 2013년, 26억 원의 영업 손실을 기록하고 말았다. 창업 이후 최대의 위기가 도래한 것이다. '회사가 이런 식으로도 망할 수 있구나…' 하는 허탈한 생각에 밤잠을 이룰 수가 없었다.

자전거와 헬리콥터

2014년 12월 13일 토요일 밤. 아성다이소 본사에서는 퇴근도 하지 않은 채 밤늦도록 직원들이 모여 숨을 죽이고 있었다. 밤 11시가 되자 갑자기 우레와 같은 박수 소리가 터져 나왔다. 전국 970여 개 다이소 매장의 마감 집계결과가 나왔던 것이다. 매출 1조 원이 넘어서는 순간 일제히 환호하며 박수를 쳤다.

우리에게 '1조 원 돌파'는 큰 의미가 있었다. 매출 1조 원은 아성다이소의 주력상품인 1,000원짜리 물건을 10억 개 팔아야 나올 수 있는 숫자다. 작은 동네 매장 한 곳에서 시작해 17년 만에 중견기업의 상징이라고 할 수 있는 1조

클럽에 가입한 것이다. 더욱이 남사허브센터를 건설하며 도산을 걱정하던 것이 엊그제 같은데, 이런 실적을 올렸다는 것이 믿기지 않았다. 정말 가슴이 벅차오르는 순간이었다.

남사허브센터 완공 후 물류대란이 일어났을 때는 정말 암담했다. 그러나 급할수록 돌아간다는 생각으로 6개월에 걸쳐 시스템을 하나하나 새롭게 세팅했다. 다행히 물류시스템이 안정화되고 상품들이 제자리를 찾아가면서 떨어졌던 매출도 조금씩 되살아났다. 6%에 달하던 매출 대비 물류비용이 3%로 떨어졌다. 줄어든 물류비용이 원가에 반영되면서 이익률도 조금씩 올라갔다.

물류센터를 정상화시킨 후 이번엔 대폭적인 매장 구조조정을 단행했다. 외형적으로 매장수를 늘리기보다 내실을 다지는 데 중점을 두었다. 실적이 안 좋은 직영점 일부를 정리했다. 그러자 2014년 매출이 전년 대비 20%나 성장했다. 2013년 물류대란으로 인해서 떨어졌던 매출을 회복하고 그 이상으로 성장한 것이다.

또 하나의 심장에 도전하다

남사허브센터를 지은 후 4년 정도 지나서였다. 난 다시 임직원들을 모아놓고 폭탄선언을 했다.

"한국에서 제일 좋은 물류센터 하나 더 지읍시다."

그러자 분위기가 갑자기 냉랭해졌다. 그렇게 고생해서 물류센터를 지은 지 몇 년이나 되었다고…. 모두들 납득이 가지 않는다는 표정이었다.

하지만 난 지금이 적기라는 생각이 들었다. 균일가 사업에서 물류센터야말로 성장을 위한 '탈피' 역할을 해주지 않았던가. 미래는 예측할 대상이 아니고 선택할 대상이다. 과거의 껍데기에서 벗어나 어제와 다른 오늘을 만들기 위해서는 남보다 먼저 선점해야 한다. 부산허브센터는 2025년까지 물류역량을 확보하기 위함이었다. 이는 고객을 위한 투자, 즉 경쟁력을 담보하기 위한 투자였다.

또 수출 기지 역할까지 염두에 두고 있었다. 흔히 아성다이소를 국내 유통기업으로 알고 있지만, 모기업인 한일맨파워는 매년 1,300억 원어치 상품을 일본으로 수출해온 수출기업이다. 지난 30년간 누적 대일 수출 규모는 3조 원에 이른다. 중국에도 하스코(한자로는 好思特, 영문으로는 HASCO

라고 쓴다. 중국어 발음은 '하오스터'다)라는 이름으로 코로나19 이전에는 한때 200여 개 매장이 진출해 있었다.

동북아의 중심인 부산 국제산업물류도시에 최첨단 해외 수출입 전진기지인 부산허브센터를 구축해 미래 유통사업의 발판을 마련해야 한다는 생각이었다. 부산은 부산신항, 김해공항, 철도 및 외곽순환도로 등 물류 인프라가 잘 갖춰진 최적의 입지에 있어 영호남권과 중부권 지역 매장에 원활하게 상품을 공급할 수 있다. 상품 보관물량을 2배 이상 증가해 건설한다면 전략상품도 더 많이 비축할 수 있고 대량구매를 통해 가격 경쟁력도 높일 수 있을 것이었다.

남사허브센터에 비해 부산허브센터는 처리물량 면에서 1.6배 더 큰 규모다. 금액도 2배 이상, 약 2,500억 원이 투자되었다. 축구장 15개 크기의 남사허브센터에 비해 부산은 축구장 20개 크기에 달한다. 7만 2,000㎡(2만 2,000평) 대지에 연면적만 14만㎡(4만 3,000평) 크기의 지하 1층, 지상 5층 규모다.

남사허브센터의 물류설비를 운영하면서 터득한 노하우와 국내외 물류센터의 최첨단 기술을 벤치마킹해 부산허브센터에 최첨단 최신 자동화 시스템을 구축하였다. 물류센터에 넣을 기계도 독일, 덴마크, 오스트리아 등 유럽 각국을 다니며 직접 골랐다. 첨단장비도 대거 도입했다. 상품 입고와 출고를 자동으로 하는 '자동화 창고 시스템', 전국 매장으로 보낼 상품을 분류하는 '박스 소터(box sorter)', 플라스틱 컨테이너 단위로 상품을 보관하고 자동 입·출고하는 'OSR(Order Storage & Retrieval)' 등 입고부터 보관, 피킹, 분류, 출하로 이어지는 물류 전 과정이 자동화로 이뤄진다.

완전자동과 반자동을 적절히 섞어서 운영하던 남사허브센터보다 한층 더 진일보한 시스템이었다. 작업자는 40m 높이의 거대한 자동창고에서 상품을 찾아 옮길 필요 없이 그저 물류센터 운영 전반을 관리, 제어, 처리하는 물류관리시스템(WMS, Warehouse Management System)을 활용하면 3만여 가지 상품이 매장별·지역별로 분류되어 배송된다.

처리물량도 남사허브센터에 비해 약 1.5~2배까지 늘었다. 하루 13만 7,000박스 상품이 출고되고, 기존 보관량의 2배인 8만 7,000여 개 팔레트 물량을 보관할 수 있다. 또 영호남권과 중부권에 있는 750개 매장에 일일배송을 할 수 있는 시스템을 구축하여 전체적인 효율도 크게 향상시켰다. 게다가 국내뿐만이 아닌 세계 35개국, 3,600여 거래처에서 수입해온 상품을 각 매장으로 공급하는 기간도 현재 4주에서 2주로 단축시켰다. 그리고 최근에는 양주허브센터를 준비하고 있다. 양주허브센터가 다시 한번 다이소의 도약대가 되어줄 것으로 기대한다.

끊임이 없고 멈춤이 없어야 가능한 일

사업이란, 자전거와 헬리콥터를 타는 일과 같다. 자전거를 앞으로 나가게 하려면 쉬지 않고 페달을 밟아야 한다. 기업이 하나의 자전거라면 회장부터 신입사원까지 모두가 커다란 자전거에 올라타서 함께 페달을 밟아야 한다. 그렇지 않으면 아마 자전거는 얼마 가지 못해서 넘어지고 말 것이다.

사업은 때로는 자전거를 타는 것보다 헬리콥터를 타는 일처럼 급박하게 전개되기도 한다. 자전거처럼 헬리콥터 역시 하늘을 날기 위해서는 끊임없이 프로펠러가 돌아가야 한다. 자전거 페달을 멈추면 잠깐 넘어지는 것에 그치지만, 헬리콥터 프로펠러가 멈추면 모두가 추락하고 만다.

잠시도 멈출 수 없는 자전거와 헬리콥터. 한일맨파워에서 시작해 아성다이소까지 오는 동안 잠시도 쉬지 않고 자전거의 페달과 헬리콥터의 프로펠러를 돌리는 것 같은 삶을 살아왔다. 한순간이라도 멈추었다가는 곧바로 넘어지고 추락한다는 것을 너무나도 잘 알고 있기 때문이다.

고민하는 집요함이 운명과 세상을 바꾼다

한결같은 마음으로 고객에게 감동을 주기 위하여 열정을 다해왔다.
항상 최선을 다하고 최고가 되겠다는 자세로
오늘을 만들었고 내일도 만들어 갈 것이다.

이윤을 추구하기에 앞서 고객의 필요를 먼저 충족시키고
고객과 사회에 감동을 주는 것을 최고의 가치로 삼아왔다.

우리가 원하고 얻고자 하는 것은 고객의 감동이며
그렇게 하기 위하여 열정을 갖고
늘 생각하고 실천하며 고민해왔다.

고민하는 집요함이 운명과 세상을 바꾼다.
지금까지의 과정이 아쉬움은 있지만 부끄럽지 않기에
앞으로 계속 우리의 길을 고집하고 나아갈 것이다.

- 2012년 10월 23일, 남사허브센터 준공식에서

집중은 본질만 남기고 모두 덜어내는 것이다.
본질에만 몰두하고 집중하는 사람만이
운명과 세상을 바꾼다.

Part 2.
본질만 남기고 다 버려라

역주행 회사

"아성다이소는 하버드대 MBA에서 기업 사례연구로 다뤄 볼 만한 비즈니스 성공 모델이란 생각이 듭니다."

2000년대 초 한국무역협회 회장과 그 일행이 우리 회사를 방문한 적이 있다. 사업 현황 설명을 듣고 무역협회장이 한 말이었다. 많은 이들이 아성다이소에 대해 궁금해한다.

"이 상품이 어떻게 1,000원이죠?"

"중국산 아니에요?"

"일본 기업 아닌가요?"

다이소를 조금 안다는 이들조차 고개를 갸우뚱한다.

"마진을 생각하지 말라고요?"

"가격을 먼저 정하고 상품을 구현했다고요?"

"1,000원짜리 상품을 위해 2,000억을 투자했다고요?"

"온택트 시대에 오프라인에 올인했다고요?"

그러면서 누군가는 우리를 '역주행 기업'이라고까지 한다. 일반적으로 기업이 추구하는 방향과는 반대로 가고 있다는 것이다.

역주행하는데 왜 망하지 않았나?

그렇다면 우리는 어떻게 1,000원짜리 상품을 팔아 3조 원의 매출을 올릴 수 있었을까? 얼마 전 미국의 경제정보 미디어인 〈블룸버그〉에서 재미있는 조사자료를 발표했다. 세계 400대 부호 가운데 자신의 손으로 창업해 부를 일군 자수성가형 기업이 미국은 71%, 중국은 97%, 일본은 100%인데 비해 우리나라는 0%라는 것이다. 세계 400대 부호에 포함된 우리나라 부자들은 전부 상속으로 부를 물려받은 부자들이었다.*

그런 환경에서 아성다이소가 1,000원짜리 상품을 팔고도 망하지 않고 중견기업으로 성장한 것은 극히 이례적으로 보일 것이다. 그래서 많은 이들이 호기심 어린 눈빛으로 묻곤 한다. 다이소의 성공비법이 무엇이냐고.

외형적으로 보면 분명 눈부신 성장을 했다. 1997년 첫 매장 오픈 후, 아성다이소는 연평균 20~30%씩 성장했다. 2006년 1,000억 원, 2008년 2,000억 원, 이커머스 기업들이 본격적으로 성장하면서 오프라인 업체들이 주춤하던 2010년에도 4,000억 원을 가뿐히 돌파했다. 남사물류센터를 완공한 이듬해인 2014년에는 1조 원을 넘어섰고, 4년 후인 2018년에는 2조 원을, 그리고 2021년에는 3조 원의 매출을 달성했다.

이런 성장에 힘입어 1호점을 오픈한 이듬해에 〈동아일보〉 주관 한국 프랜차이즈 대상을 받았다. 2002년에는 1억 불 수출탑을, 2008년에는 올해의 브랜드 대상을, 2010년에는 대한상공회의소 유통명인상(한국유통학회 주최)을 받았다.

2014년에는 19대 대한민국 유통대상 대통령상을, 2016년에는 기업인으로서 최고의 영예라 할 수 있는 금탑

---

* 세계 400대 부호 중 자수성가형 미국 71%, 중국 97%, 일본 100%...한국은 '제로', 〈조선일보〉, 2016년 1월 4일 자.

산업훈장을 받았다. 11년 연속으로 '대한민국 100대 프랜차이즈'에 선정되기도 했다(《매일경제》 주관). 매월 600개 이상의 신상품을 개발하고 전국에 1,500여 개의 매장을 운영하고 있는 것이 아성다이소의 현주소다.

그래서 아성다이소의 성공요인에 대해서 많은 이들이 관심을 갖고 분석을 했다. 서울대학교 경영대학원 김병도 교수는 '균일가 가격정책', '상품개발 능력' 그리고 '물류센터'를 성공요인으로 뽑았다. 어떤 이는 '품질관리와 물류혁신', '상품기획력과 상품공급력'을, 또 어떤 이는 '다양한 볼거리', '쾌적한 매장'을 거론하기도 한다. 고품질, 저렴한 가격, 다양한 상품 구색…. 모두 다 맞는 이야기일 것이다.

그러나 내가 생각하는 요인은 조금 다르다. '생활용품 균일가숍'이라는 업의 본질에 충실했던 것이 가장 핵심적인 성공요인이 아니었을까. 여러 번 밝혔듯 난 경영을 전공한 것도 아니고 사업가를 꿈꾼 적도 없었다. 생계를 위해 어쩔 수 없이 마흔다섯에 늦깎이 창업을 했고, 절대 실패하면 안 된다는 생각에 죽을힘을 다해 일했다. 부족한 것이 많아서 메모하고 또 메모하며 공부했다.

그러면서 깨달은 것은 균일가 사업의 핵심은 '상품과

가격'이란 것이다. 늘 고객을 중심에 놓고 어떤 상품과 가격으로 고객을 만족시킬 것인가에 대해 치열하게 고민했다. 의외로 그 비법은 간단했다. 기본에 충실한 것이었다. 기본이란 본질을 파악해서 실천하는 것, 작은 것부터 지키는 것이다. 그 작은 변화가 쌓여 오늘 아성다이소가 되었다.

우리가 하는 사업은 흐르는 물길을 거슬러 올라가는 배와 같다. 쉽게 가려고 하면 목표에 도달할 수 없다. 매일 닥치는 어려움이 우리의 능력을 매일 갈고닦게 했다.

이제부터 아성다이소가 무엇을 고민하고, 어떻게 방법을 찾아냈는지에 대해 이야기할 것이다. 고객을 만족시키기 위해 어떻게 저렴한 가격을 만들어왔는지, 그 저렴한 가격에 어떻게 품질을 유지했는지, 다양한 상품들을 어떻게 구비했는지, 하루가 다르게 치솟아 오르는 물가 속에서 어떻게 균일가를 고수할 수 있었는지 한번 돌아보고자 한다.

ooo   # 세상에서 가장 정직한 돈, 천 원

여기 1,000원짜리 지폐 1장과 150매짜리 물티슈가 있다고 가정해보자. 당신은 어떤 것을 선택할 것인가? 1,000원 1장과 12개 묶음 수세미라면? 또는 400개짜리 면봉 1통이 있다면 당신은 과연 어떤 것을 선택할 것인가?

한국의 피터 드러커로 불리는 서울대 윤석철 교수는 기업의 '생존 부등식'을 다음과 같이 설명한다.

$$C(비용) < P(가격) < V(가치)$$

비용은 가격보다 높을 수 없고, 가치는 가격보다 반드

시 높아야 한다는 것이다. 그렇다면 다이소의 가치는 무엇일까? 저렴한 가격인가? 물류혁신인가? 다양한 상품구색인가? 대체 우리 회사의 가치는 무엇이란 말인가?

1,000원짜리 지폐와 다이소 상품 중 하나를 고르라고 했을 때 당신이 아무런 망설임 없이 다이소 상품을 선택하는 것이 바로 그것이다. 고객의 입에서 "이게 어떻게 1,000원이지?" 하는 탄성이 절로 흘러나올 때 비로소 우리의 가치는 구현된다.

실제로 다이소 상품개발팀이 한 손에는 신상품을, 다른 한 손에는 1,000원짜리 지폐를 들고 거리로 나가 행인들에게 물었다. 둘 중 어느 것을 선택하겠느냐고. 행인이 1,000원을 선택하면 그 상품은 가성비가 떨어진다고 보고 원점으로 돌아가 다시 개발하기도 했다.

탄성이 절로 터져 나오도록

그러나 저가 균일가 용품점이라고 해서 가격만으로 가치를 구현할 수 있는 것은 아니다. 가격은 놀랄 정도로 저렴하되 품질은 기대보다 훨씬 뛰어나야 하고, 상품마다

고객의 마음을 끄는 매력이 있어야 하되 종류가 풍성해야 한다. 무조건 싼 것이 다이소의 가치는 아니다. 가격에 품질, 재미, 볼륨 등이 함께 연계되어 매대 앞에서 탄성이 절로 터져 나오도록 하는 것. 그것이 내가 추구하는 '놀라운 가치로 즐거움과 감동을 주는' 것이다.

고객을 유인하기 위한 한두 가지 상품만을 전략적으로 싸게 파는 것이 아니라, 매장에서 판매되고 있는 3만 가지 상품 하나하나에 그런 '만족'과 '서프라이즈'가 깃들어 있어야 한다. 그런 의미에서 서울대 김난도 교수는 이런 말을 했다. "가성비란 가격을 낮추는 것이 아니라 가치를 올리는 것이다."라고. 나 역시 이 말에 전적으로 동의한다.

'놀라운 가치로 즐거움과 감동을 주는 것', 이것이 바로 우리 회사의 경영이념이다. 그래서 첫 매장 오픈부터 지금까지 '가격에 비해 최소한 2배 이상의 가치를 갖는' 상품을 판매하려고 노력해왔다고 자부한다.

현재 아성다이소의 상품은 1,000원, 2,000원짜리가 전체의 약 80%를 차지한다. 이 중 1,000원 상품이 51%로 절반을 넘는다. 아성다이소를 설립하며 소비자에게 가격 대비 최대 가치를 제공한다는 약속을 했을 때부터 그 핵심은 1,000원짜리 상품이었다. 가장 기본적인 화폐단위인 1,000원짜리 상품을 얼마나 많이 유지할 수 있는가가 아성다이소의 정체성인 셈이다.

그렇다면 우리는 왜 1,000원짜리 상품을 그토록 중요하게 여기는 것일까? 1,000원이란 가장 작은 지폐로 경제의 기본이 되는 단위이다. 그만큼 서민을 대표하는 화폐이고 무수한 땀방울이 밴 돈이기도 하다.

다이소는 서민들이 주로 찾는 곳이기에, 그들이 성실하게 흘린 땀방울을 누구보다도 잘 알고 있다. 그래서 그들이 필요로 하는 것을 저렴한 가격에 좋은 품질로 제공하려고 노력한다. 아무리 적은 돈도 그 속에 담긴 땀의 가치는 크기에, 다이소에서만이라도 1,000원이 소중하게 대접받을 수 있기를 희망하고 있다.

1,000원짜리 1장으로 살 수 있는 것이 거의 없어 보이는 요즘이지만 다이소에서만은 다르다. 1,000원으로 약 1만 5,000가지의 다양한 상품을 고를 수 있다. 2,000원짜리까지 포함하면 약 2만 4,000여 가지의 상품을 살 수 있다. 현재 약 3만여 가지 상품이 있지만 아무리 비싸도 5,000원을 넘지 않는다.

그러니 다이소에서는 상품 하나를 집을 때마다 가격

표를 살펴보며 살까 말까 고민하거나, 호주머니 사정을 걱정하지 않아도 된다. 원하는 상품을 쇼핑 바구니에 가득 담아도 가격 부담이 크지 않다. 5개 담으면 5,000원, 10개 담으면 1만 원 정도라고 대략 가늠할 수 있으니, 고객도 마음이 편하다.

치솟는 물가에 돈의 가치는 점점 떨어지고 있지만, 다이소에서만은 몇천 원으로 생활의 기쁨을 발견하고 쇼핑의 즐거움을 만끽했으면 좋겠다는 것이 나의 바람이다. 가방이나 반지는 명품을 구매할 수 있겠지만, 치약이나 칫솔, 세제, 티슈 등 소모적인 생활용품은 저렴하면서도 질 좋은 것을 구매하는 것이 지혜로운 소비 아닐까?

세상에 꾸준함을 이기는 것은 없다

사업 초창기 최고경영자들이 모이는 어느 조찬 모임에 참가했을 때다. 본격적인 강연을 앞두고 같은 테이블에 앉은 사람끼리 간단히 소개도 하고 인사도 나누었다. 마침 옆자리에 앉았던 다른 회사의 경영자 한 분이 내게 질문을 해왔다.

"실례지만 무슨 일을 하십니까?"

"천 원 균일가숍을 운영합니다."

그분은 내 말이 채 끝나기도 전에 고개를 돌려 다른 분과 대화를 하기 시작했다. 1,000원짜리 상품을 팔지만 그래도 연매출이 수천억을 넘던 시절이었다. 내가 알기론 그분의 회사보다 우리 회사 매출이 훨씬 컸지만, 1,000원이라는 단어 한마디만 듣고 나를 무시해버린 듯했다. 그분에겐 1,000원짜리를 파는 균일가숍이 그다지 전망 있는(?) 사업으로 생각되지 않았던 모양이다.

하지만 나는 오늘날 3조 매출을 지탱해준 것이 바로 1,000원짜리 1장의 힘이라고 믿는다. 1,500여 개 매장을 오픈할 수 있었던 것도 1,000원 1장에 충실했기 때문이다.

티끌이 모여 태산을 이룬다고 했던가. 한 번에 이루어지는 일은 없다. 작은 일을 철저히 해야 큰일을 할 수 있고, 과정을 꼼꼼히 챙겨야 좋은 결과가 나온다. 한 방의 홈런 속에는 남들 눈에 보이지 않는 무수한 땀방울이 녹아 있다. 홈런은 결과일 뿐이다. 그런데 과정은 생략한 채 홈런이라는 한 방의 결과만 기대하는 것은 아닌지. 꾸준함은 모든 것을 이긴다.

가격을 지키겠다는
굳은 의지와 철학

우리가 처음 국내에 균일가숍을 낼 때만 해도 택시 기본요금이 1,000원, 시내 버스비가 400원이었다. 1,000원짜리 1장이면 소주는 2병, 라면은 3개를 살 수 있었다. 그러나 지금은 택시 기본요금이 3,800원, 소주 한 병은 1,800원(식당에서는 5,000원), 라면 1개가 1000원이나 한다. 도대체 몇 배가 올랐다는 것인가?

그런데 다이소는 20년 넘게 면봉, 종이컵, 물병, 주방 고무장갑 등 주요 생필품의 가격을 1,000원으로 유지하고 있다. 500원, 1,000원, 1,500원, 2,000원, 3,000원, 5,000원 등 가격은 딱 6가지뿐이다. 그렇게 정해놓은 가격은 물가나 원부자재 가격이 올라도 한결같이 지켜낸다. 2008년 말 세계 금융위기 직후 환율 악화로 해외 수입제품 가격이 대폭 올랐을 때도 그랬다. 제품 공급선을 환율 영향이 적은 국내 제조업체로 교체한 것이 전부였다.

기본 가격을 포기한 균일가숍들

균일가숍의 판매 유형은 2가지다. 진열된 모든 상품을 하나의 고정된 가격으로 판매하는 단일 균일가 소매점(single price point retailer)과 복수의 고정된 가격으로 판매하는 복수 균일가 소매점(multiple price point retailer)이 있다.

미국의 달러트리(Dollar Tree)와 나인티나인센츠온리(99Cents Only), 일본의 세리아가 단일 균일가 소매점에 속한다. 반면 미국의 달러제너럴(Dollar General)과 패밀리달러(Family Dollar), 일본의 캔두, 그리고 한국의 아성다이소가 복수 균일가 소매점에 속한다.

그러나 인플레와 원자재 가격 상승, 고가 상품을 취급할 수 없다는 등의 이유로 미국의 균일가숍들은 보편적 할인점으로 노선을 바꾸었다. 크레스지(Kresge)는 케이마트

(Kmart)로, 월튼스 파이브 앤 다임(Walton's Five and Dime)은 월마트(Wal-Mart)로 바뀌어 최고의 유통업체로 성장하기도 했다.*

단일 균일가를 고집하던 숍들도 결국 기본 가격을 인상했다. '1달러숍'으로 유명한 '달러트리'가 35년 넘게 고수해온 1달러 정책을 포기하고 최근 1.25달러숍으로 바꾸었다.** 일본의 다이소산교도 100엔 외의 상품도 판매하는 한편 5가지 가격대(100엔, 300엔, 500엔, 700엔, 1000엔)의 상품을 파는 스탠다드 프로덕츠(standard products) 숍과 300엔 숍인 쓰리피(Threeppy)를 운영하고 있다. 그러나 우리는 초창기의 균일가를 고수하고 있다. 비록 원부자재 값이 올랐지만 초창기의 균일가를 유지하며 오히려 품질은 더 좋게 개선하고 있다.

---

* 김병도, 〈국내 균일가 소매산업을 선도하는 ㈜다이소아성산업〉, 2010년 9월 14일.
** 1달러숍→1.25달러숍 달러트리 인플레에 항복, 〈fnnews〉, 2021년 11월 24일 자.

우리에겐 균일가가 다림줄이다

우리는 개점 초창기부터 500원, 1,000원, 1,500원, 2,000원의 4가지 균일가격을 유지했고, 이후 좀 더 다양한 상품을 선보이고자 2004년에 3,000원, 2006년에 5,000원을 추가해 6가지 가격을 완성했다. 당연히 가격 인상은 거부할 수 없는 유혹이다. 그러나 균일가의 기본 가격을 인상하거나 일반 할인점으로 노선을 바꾸는 것은 아성다이소의 설립 철학과 부합되지 않는다.

'다림줄'이란 말을 들어보셨는지. 건물을 지을 때 그 건물이 수직인지 알아보기 위해 건축가는 다림줄을 늘어트려 기준선으로 삼는다. 아성다이소의 다림줄은 바로 '균일가'라는 가격정책이다.

아무리 화폐가치가 변해도, 인플레이션으로 1,000원이 100원의 가치가 안 된다 해도, 그 가치에 맞는 상품을 계속 개발하는 것이 고객과의 약속을 지키는 것이라 생각한다. 균일가는 아성다이소의 핵심사명이다. 핵심사명은 곧 기업의 영혼이다. 그 뿌리가 되는 영혼에서 벗어날 때, 기업은 길을 잃는다.

화폐가치가 떨어지면 1,000원의 가치도 덩달아 떨어

지는 것 같지만, 소비자로서는 이때가 오히려 1,000원의 진정한 가치를 실감할 때다. 1,000원의 가치가 양(量)적인 면에서는 줄어드는지 몰라도 상황에 따라 기능이나 디자인, 컬러 등으로 상호보완하여 그 자리를 지켜갈 것이다.

우리에게 1,000원이란 단순히 화폐의 단위가 아니라 '가장 저렴한 가격으로 좋은 품질의 상품을 공급한다'는 의미이고, '가격보다 최소한 2배 이상의 가치를 준다'는 뜻이기도 하다. 이것이 아성다이소가 추구하는 '천 원 정신', '균일가 정신'이다. 원가가 올랐다고 상품 가격을 덩달아 올리기보다는 균일가를 유지하기 위해 유통과정에서 생길 수 있는 거품을 없애고 비용을 최소화하는 방법을 고민하는 것이 우리의 몫인 것이다.

생활에 꼭 필요한 국민가게

2020년 코로나19 초기에 마스크 대란이 일어났을 때도 우리는 전년도와 동일한 가격을 유지하기 위해 힘썼다. 당시 소비자시민모임의 조사 결과에 따르면 온라인 쇼핑몰에서 판매 중인 KF94와 KF80 성인용·어린이용 마스크

가격이 코로나19 이전보다 13.6~27.2%가량 오른 것으로 나타났다.***

온 국민이 코로나 바이러스의 위협에 노출돼 있는데 품절을 이유 삼아 폭리를 취하는 것은 국민가게가 할 일은 아니지 않은가. 어려움을 함께 나눈다는 의미에서 특히 미세먼지와 바이러스를 차단하는 KF94와 KF80 성인용 마스크 1개를 1,000원 혹은 3개들이 한 세트를 2,000원에 가격 인상 없이 판매했다.

이 글을 쓰고 있는 지금도 우크라이나 전쟁으로 인해 전 세계 유가, 환율이 폭등한다는 뉴스가 들려온다. 금리가 인상되고, 소비자 물가 상승률이 6%를 향해 치닫고 있다. 경제전문가들은 한동안 이런 흐름이 이어질 것이라고 한다.

시중에서도 월급과 아이 성적만 빼고 다 올랐다는 시름 섞인 목소리들이 나온다. 실제로 최근 들어 안 오른 제품을 찾기 힘들다. 치킨 한 마리가 3만 원인 시대다. 서민들이 가장 많이 찾는 외식 메뉴는 물론 주류·신선·가공 식품까지 도미노 인상이 이어지고 있다. 생활용품도 마찬가

••• 물가에 커지는 서민 고통…마지막 보루는 '다이소', 〈cnb뉴스〉, 2022년 6월 7일 자.

지다. 텀블러를 위시하여 보온도시락, 쿡웨어, 프라이팬, 냄비 등의 가격이 인상되었다. 주방용품의 핵심 원자재인 알루미늄 가격이 40%가량 폭등했고, 스테인리스의 주요 원료인 니켈 가격 또한 지난해보다 2배 올랐으니 다른 방법이 없을 것이다.

그러나 다이소의 모든 주방용품 가격은 여전히 최대 5,000원을 고수하고 있다. 다이소 매장에서는 지금도 알루미늄이나 스테인리스로 제작된 주방용품들이 가격 변동 없이 판매되고 있다. 우리는 앞으로도 균일가 정책을 고수할 것이다. 그 점은 변함이 없다. 원자재 가격 상승으로 어려움이 크겠지만 어떻게든 기존의 가격정책을 그대로 유지할 것이다. 마진 최소화를 통한 박리다매 전략으로 어려운 인플레이션 시대를 이겨낼 계획이다. 우리의 이런 노력이 물가안정과 생활 경제에 조금이나마 보탬이 되었으면 하는 바람이다.

마진이 아니라 만족을 좇아라

기업은 이윤이 없으면 존재할 수 없다. 다이소의 초창기 마진은 겨우 1~2%였다. 쉽게 말해 1,000원짜리를 1,000개 팔아야 매출이 100만 원이고, 그중 마진은 고작 1~2만 원 정도였다. 그런데 '품질은 높게 이익은 낮게'라니. 과연 이런 사업이 가능할까?

시류에 따라 적당히 이윤을 좇으려 했다면 이 사업을 시작하지도 않았다. 이 사업은 마진을 좇는 순간 망하기 때문이다. 그렇다면 다이소는 어떻게 이윤을 만들어왔을까?

처음부터 다르게 접근했다. 대부분의 기업은 제품 원가에 적정 이윤을 붙여 판매가격을 결정하지만 우리는 반대다. 소비자가 만족할 수 있는 판매가격을 먼저 결정한 후 어떻게든 상품을 개발했다. 냉장고에 코끼리 집어넣기 혹은 신데렐라 언니가 신데렐라 구두에 발을 맞추는 것과 같다.

그러나 나에겐 확고한 신념이 있었다. 상품이 싸고 좋으면 고객은 반드시 온다는 것. 10만 명에게 10%의 이익을 남기기보다는 100만 명의 선택을 받는 좋은 물건을 만들어 이윤을 남기자는 것이 내 생각이었다. 이윤을 먼저 추구하기보다는 싸고 좋은 물건으로 많은 고객이 찾아오도록 하여 매출을 일으키자는 전략이었다.

원가가 올랐다고 덩달아 상품 가격을 올리기보다는 그럴수록 유통과정의 거품을 없애고 비용을 최소화해 가격과 품질을 유지하자는 것이 우리의 전략이다. 나아가 고객이 상품에 대해 느끼는 가치를 훼손하지 않는 범위에서 포장을 최소화하고 디자인을 단순화해 원가를 절감하자는 것이 우리의 기조다.

그래서 핵심 기능에 더욱 집중했다. **집중이란 무엇인가. 덜어내고 또 덜어내는 것이다. 복잡함을 빼고 기본에 충실하는 것이다. 그러다 보니 방법을 찾을 수 있었다.**

복잡함을 덜어내고 오로지 기본에 몰두

"이것보다 더 작게 만드세요."

애플에서 아이팟을 개발할 때의 일이다. 스티브 잡스는 개발자들이 가져온 아이팟 시제품을 보면서 더 작게 만들라고 지시했다. 하지만 개발자들은 난색을 표했다.

"그건 도저히 불가능합니다. 이것보다 더 작게 만들 수는 없습니다. 부품을 줄일 수 있는 내부 공간이 전혀 없습니다."

스티브 잡스는 어항 쪽으로 성큼성큼 걸어가더니 개발자들이 가져온 아이팟 시제품을 그 속으로 던졌다. 잠시 후 어항 바닥에 가라앉은 아이팟에서 공기 방울이 방울방울 떠올랐다. 그 모습을 보고 스티브 잡스는 개발자들에게 소리쳤다.

"공간이 없다고요? 공기 방울만 한 공간이 아직 남아 있지 않습니까? 더 줄이세요."

이 이야기를 들었을 때 우리의 상품 개발과정과 참 비슷하다는 생각을 했다. 1,000원에 팔 수 있는 상품을 만들기 위해서는, 보이지 않는 공기 방울 하나의 공간까지 찾아내듯, 조금이라도 원가를 줄일 방법이 있다면 어떻게든 찾아내 주저 없이 개선해갔다.

우리는 소비자가 진정한 가치를 느낄 수 있는 속성만 남기고 원가를 높이는 불필요한 것은 하나씩 삭제했다. 이를테면 컵의 손잡이가 필요 없는 디자인이라면 과감히 손잡이를 없앴다. 양면에 무늬가 있다면 한쪽에만 무늬를 남겼고, 품질을 유지하는 선에서 제품의 디자인을 변경하기도 했다. 때로는 제조업체의 공장을 찾아가 현장 담당자들과 논의 끝에 생산 단계를 줄이거나 라인을 새로 만들기도 했다. 가격을 낮출 수 있는 가능한 모든 방법을 동원했다.

가장 싼 곳이 아니라 가장 잘 만드는 곳으로 가자

정말이지 원가를 낮추기 위한 노력은 눈물겨울 정도였다. 원가가 계속 오르는 상황에서 균일가를 고수하려니 '마른 수건 쥐어짜기'가 매일의 일상이었다. 어떤 이는 좋은 의미에서 '도요타 경영의 한국판'이라 말하기도 하지만 실상은 '원가와의 사투'에 가까웠다.

상품의 불필요한 속성을 덜어내는 것뿐 아니라 원가를 맞출 수 있는 곳이라면 지구 반대편까지 날아갔다. 그렇다고 무조건 싼 곳만 찾아다닌 것은 아니다. 가격보다 최소한 2배 이상의 가치를 갖는 제품을 만들어줄 곳을 찾아 전 세계를 탈탈 털었다. 그러니 정확히 말하면, 가장 싸게 살 수 있는 나라가 아니라 가장 잘 만드는 나라를 찾아갔다.

이를테면 대나무 상품은 베트남에서, 스테인리스 제품은 인도에서, 접시는 브라질에서, 도자기와 유리 제품은 터키에서 공급받는 식이다. 중간 무역상을 통한 수입으로는 원하는 가격과 품질을 얻기 어려우니 직접 제조업체를 찾아 지구촌 구석구석을 누볐다. 국가별로 강점이 있는 품목을 발굴하다 보니 중국, 동남아, 중동, 유럽 등 전 세계 35개국 3,600여 업체에서 상품을 공급받게 되었다.

한번은 플라스틱 바구니의 가격을 10원 깎기 위해 6개월 동안 꿈쩍도 하지 않은 일도 있었다. 결국 협력업체가 두 손을 들었고, 그 상품은 베스트셀러가 됐다. 또 2007년에는 '루미낙'이라는 브랜드로 유명한 프랑스 회사 아크 본사를 찾아가서 유리잔을 30센트에 맞춰달라고 했다. 공장장과 판매 책임자는 황당하다는 듯 처음엔 대꾸조차 하지 않았다.

그러나 유리 제품의 공정을 잘 알고 있었던 나는, 야

간에 가동하지 않는 설비를 활용하는 방안을 제시했다. 또 고가 이미지를 가진 루미낙 브랜드를 노출하지 않고 '메이드 인 프랑스'만 표기하겠노라고 약속했다. 아크 측은 그제야 내게 관심을 보이기 시작했다. 난 가격을 조금 올려 승부수를 던졌다.

"40센트로 하시죠. 대신 이윤이 날 만큼 대량주문할게요."

그렇게 들여온 유리컵 등 10여 종의 유리 제품은 날개 돋친 듯 팔렸다. 소비자들은 미처 몰랐을 것이다. 프랑스산이라고만 표기되었던 그 유리컵이 루미낙으로 유명한 아크의 제품이었다는 것을.

코로나19가 전 세계를 강타하기 전까지 나는 매년 20회 이상 해외 출장을 갔다. 횟수만 따져도 400회 이상이다. 비행기를 탈 때마다 쌓은 마일리지가 150만 마일이 넘는다. 지구를 60바퀴 이상 돈 셈이다. 설이나 추석, 여름 휴가철이나 크리스마스 등에도 주로 해외 업체를 찾아가 상담을 하거나 시장조사로 바쁜 나날을 보냈다.

어떤 이들은 이런 나를 '소싱의 달인' 또는 '협상의 달인'이라고 한다. 내가 가장 좋아하는 별명이긴 하다. 어디를 가도 상품이 먼저 눈에 들어온다. 어느 부분을 보강하거나 줄이면 가격을 맞출 수 있겠다는 생각이 저절로 든다. 어떤 제품은 보는 순간 '아! 이건 될 것 같다' 하는 생각에 가슴이 뛰기도 한다. 물건 상태만 보면 국내에서 통할지 안 통할지 직감으로 알 수 있을 정도다.

어쩌면 우리의 업은, 고객에게 즐거움과 감동을 주기 위해 구매대행이라는 전쟁을 치열하게 대신 치러주는 것이다. 그러니 우리의 목표는, 회사의 이윤 극대화가 아니라 고객의 만족 극대화다. 고객의 만족이 극대화됐을 때 우리의 이윤은 저절로 따라오기 때문이다.

건전지, 일본 상륙작전

일본에 수출하는 물량이 한창 많을 때였다. 당시 일본에서는 건전지 소비가 엄청나게 많았다. 아이들 장난감을 비롯해 체중계, 탁상시계 등등 각종 소형기기에 안 들어가는 곳이 없을 정도였기 때문이다. 그래서 일본의 편의점과 100엔숍에서도 가장 많이 팔리는 상품 중 하나가 건전지였다. 시장조사를 해보니 편의점에서는 대략 1개에 100엔, 100엔숍에서는 2개 묶음 상품이 100엔에 팔리고 있었다.

"저 건전지를 한 묶음에 4개씩 넣어 100엔에 팔 수는 없을까?"

한번 도전해볼 만한 과제였다. 건전지 4개를 한 묶음

으로 100엔에 판다면, 이 시장을 석권하는 것은 시간문제였다. 편의점의 1/4 가격으로 100엔숍에 납품할 수 있으니 말이다. 국내에 돌아와서 당장 업체 물색에 나섰다. 당시 한국에는 두 회사가 건전지를 만들고 있었다. 썬파워(후에 사명이 벡셀로 바뀌었다)와 로케트 건전지. 그중 썬파워를 직접 접촉했다. 일본에 건전지를 수출해보고 싶노라고. 현재 100엔숍에서는 2개를 묶어 100엔에 팔고 있는데 나는 4개를 100엔에 팔고 싶다고 말했다.

영업 담당자는 내 제안을 듣자마자 손사래를 쳤다. 고민해볼 여지조차 없다는 것이다. 구조적으로 불가능하다고 했다. 영업 담당자와 헤어지고 나서 며칠을 고민한 끝에 다시 연락을 취했다.

"공장장과 직접 이야기를 해보고 싶습니다."

영업 담당자와 함께 구미에 있는 공장에 내려갔다. 공장장을 직접 만나서 이야기해봤지만 결과는 마찬가지였다.

"아무리 공정을 바꾼다 해도 그 가격에는 생산할 수 없습니다."

더는 진전이 없었다. 하지만 나는 쉽게 미련을 버리지 못했다. 건전지는 100% 자동화 작업으로 생산된다. 적은 수량으로는 쉽지 않겠지만 100만 개, 200만 개를 한꺼번에 대량으로 생산한다면 생산공정 중에서 원가를 낮출 방법을 분명 찾아낼 수 있을 거란 확신이 들었다.

생산효율 높여 원하는 가격을 만들어내다

나는 대학에서 산업공학을 전공했고 품질관리사 1급의 국가자격증도 보유하고 있었다. 게다가 오랫동안 제조업체 현장에서 생산책임자로 일하면서 공장 내 생산혁신을 주도해왔다. 비록 건전지 생산공정은 잘 몰랐지만, 분명히 어딘가에는 원가를 줄일 요소가 있을 것 같았다.

나는 수시로 구미 공장에 내려가 품질관리 담당자들과 머리를 맞대고 원가를 절감시킬 아주 작은 틈새라도 찾아내기 위해 노력했다. 수차례 공장을 오가면서 머리를 맞대자 조금씩 길이 보였다. 공장장과 협의해 불필요한 공정을 없애고, 비슷한 기능을 하나로 통합해 생산효율을 높여나갔다. 그러자 원가를 대폭 절감할 수 있는 환경이 만들어졌다. 이제 24시간 풀가동할 정도의 물량만 따라준다면 단가를 맞출 수 있을 것 같았다.

그런데 또 한 가지 해결해야 할 문제가 있었다. 바로,

품질이었다. 일본에서 팔고 있는 후지쯔나 파나소닉의 수준에 견줄 만해야지, 가격이 싸다는 이유로 품질이 너무 떨어지면 안 되었다. 그래서 시제품을 만들어 먼저 일본 건전지시험연구소에 성능 분석을 의뢰했다. 시험항목 대부분에서 일본 경쟁 제품들에 비해 낮은 수치가 나왔다. 하지만 큰 차이가 아니었기 때문에 오히려 희망이 있었다.

"조금만 보완하면 되겠다."

부족한 부분을 보완해 2차 시제품을 다시 시험 의뢰했다. 그렇게 보완하길 서너 차례. 드디어 만족스러운 성능 분석 결과가 나왔다.

나는 일본에서 받은 시험성적서와 국내에서 나온 시험성적서 2개를 가지고 일본에 건너갔다.

"현재 건전지는 100엔에 2개들이를 팔고 있는데 우리는 4개를 한 묶음으로 납품할 수 있습니다. 보시다시피 품질은 엇비슷합니다."

일본 거래처는 거래를 거절할 이유가 없었다.

나는 우선 100만 개 생산 발주를 넣었다. 그 정도는 충분히 팔 자신이 있었다.

"네? 100만 개라고요?"

100만 개는 4개들이로 포장된 것이고, 낱개로 치면

400만 개가 되는 어마어마한 개수였다. 건전지 회사 영업 담당자는 몇 번이나 수량을 확인했다. 건전지를 오래 생산해왔지만 한 회사로부터 한 번에 이렇게 많은 수량을 주문 받아본 경험이 없었기 때문이란다. 게다가 처음으로 일본 시장에 한국 건전지를 수출하는 일이었다. 뒤에 전해 들은 이야기로는 주문이 성사된 후 그룹 계열사 전체 사원에게 이메일을 돌려 자축을 했다고 한다.

그러나 그것은 시작에 불과했다. 100만 달러, 200만 달러 대량주문이 계속 이어졌다. 건전지 업계 전체로 봤을 때도 일본 시장 첫 진출이라는 쾌거로 기록될 만한 사건이었다.

수상한 클레임과 특허소송 복마전

일본의 다이소산교를 통해 우리 건전지가 쫙 깔리기 시작하자 한 마디로 난리가 났다. 품질도 좋은 건전지가 파격적인 가격에 나왔으니 불티나게 팔려나갈 수밖에 없었다. 기존 건전지 판매점들이 타격을 받았다. 특히 건전지의 주요 판매점이었던 편의점이 직격탄을 맞았다. 건전지 판매량이 1/3, 1/4로 뚝 떨어진 것이다. 다른 100엔숍들도 마찬가지였다.

하지만 너무 잘나간 게 문제였을까. 갑자기 품질 문제가 불거지기 시작했다. 다이소 건전지를 사 갔던 고객들로부터 클레임이 잇달아 들어왔다.

"다이소 건전지를 사용하다가 폭발했습니다."

"건전지에서 누액이 흘러나와 사용하던 기기가 완전히 망가져버렸어요."

분명히 품질 검사도 충분히 받았고 성능에도 전혀 이상이 없는 것을 확인했다. 공장에 가져가 분석해보았지만 불량의 원인이 석연치 않았다. 답답한 마음에 고객을 직접 찾아가서 클레임을 해결하다 보니 이상한 점이 한둘이 아니었다. 우선 건전지의 문제점에 관해 이야기하는 고객의 수준이 너무 높았다. 일반 소비자들은 알 수 없는 전문적인 부분에 대해서까지 문제를 제기하고 있었다.

"아, 이거 뭔가 있구나."

꺼림칙한 느낌이 들었다. 관련 업계에서 대대적인 저항이 들어오는 것 같았다. 그렇다고 심증만으로 문제를 키울 수는 없었다. 하나하나 보상을 해주는 수밖에.

엎친 데 덮친 격으로 생산업체 쪽으로도 거센 압력이 들어왔다. 경쟁업체가 생산기술과 관련된 특허를 침해했다면서 소송을 제기한 것이다. '수은 제로'라는 표기가 문제였다. 수은이 몸에 해로워서 대부분 수은을 넣지 않는 공법을 사용하고 그 문구를 표기했다. 그런데 수은을 넣지 않는 그 공정 자체가 미국의 모 건전지 회사가 보유한 특허이기 때문에 이 문구를 넣는 것은 특허 기술에 대한 침해라는 것이었다.

특허 소송에 휘말리면서 제품 생산도 멈췄다. 화려했던 '건전지 일본 상륙작전'도 막을 내리는 듯했다. 그렇게 한 2년 이상 건전지 수출을 하지 못했다. 그러다 수은 제로라는 그 특허가 말소되면서 다시 건전지 수출을 재개했다.

지금도 아성다이소에서는 국내 시장에서 AA건전지 4개를 1,000원에 판매하고 있다. 2018년 한국소비자원에서 7개 브랜드 20종의 건전지를 대상으로 사용조건, 가격 대비 성능, 안전성 등을 평가한 결과 다이소의 NEO(다이소의 자체 브랜드)가 가성비가 가장 좋은 건전지로 선정되었다.* 말도 많고 탈도 많았지만 지금도 건전지는 다이소의 효자상품으로 제 몫을 톡톡히 하고 있다.

---

* '가격 대비 성능' 좋은 건전지는…다이소의 'NEO', 〈경향신문〉, 2018년 7월 16일 자.

틈새는 있는 법

일본은 유리 제품의 선진국이다. 품질 면에서 우리나라보다 훨씬 앞서 있다. 그에 반해 초창기 일본의 100엔숍에는 유리 제품이 별로 없었다. 일본의 유명 메이커들이 재고를 처분할 때 한 번씩 파는 정도였다.

유리컵에 한 번 도전해봐야겠다는 생각이 들었다. 틈새는 있는 법이다. 품질이 좋다는 것은, 품질이 좋은 만큼 가격이 비싸다는 것이다. 그래서 남들은 쉽게 할 수 없다는 점이 바로 이 시장을 비집고 들어갈 수 있는 '틈새'였다

유리 제품 시장에 대한 가능성을 타진하기 위해 바로 시장조사에 들어갔다. 국내 유리 관련 업체 리스트를 구해

서 생산할 만한 업체를 추려갔다. 유리 업체라고 해도 무역 업체는 일단 배제했다. 직접 유리 공장을 가진 생산업체여야만 현장 혁신을 통해 원가 절감의 여지를 찾아낼 수 있기 때문이다.

대기업 계열사인 한 유리 업체를 낙점하고 바로 상담 약속을 잡았다. 언제, 어떤 제품을 상담하더라도 우리의 제안은 언제나 비슷했다.

"일본에 100엔에 팔 수 있도록 가격을 맞춰주십시오. 대신 물량은 충분하게 주문하겠습니다."

첫 미팅의 결과는 예상대로였다.

"에이, 못해요. 그 단가는 말이 안 되죠."

영업팀 담당자도 책임자도 입을 모아 같은 이야기를 했다. 이번에도 공장장을 직접 만나기 위해 직접 공장으로 달려갔다. 공장장도 마찬가지로 고개를 저었다. 그 가격은 도저히 불가능하다는 것이었다.

나는 공장장과 함께 공장을 둘러보며 어떻게 하면 원가를 낮출지를 고민했다. 다른 제품과 달리 유리에 대해서는 어느 정도 자신이 있었다. 생산공정을 알고 있었기 때문이다.

유리 공장에서는 거대한 전기로에 폐유리를 비롯한 유리 재료를 넣고 고열로 녹여 유리물이 흘러나오면 그것을 몰드에 넣고 제품을 찍어낸다. 전기로는 통상 웬만한 사무실 크기 정도다. 주문받은 제품의 수량만큼 찍어내면 남은 유리물은 다 버린다. 그래야 불을 끄고 청소를 할 수 있기 때문이다. 주문량이 적을수록 그만큼 남는 유리물이 많아진다. 만일 100만 개 정도의 제품을 계속 생산한다면, 중간에 유리물을 퍼내거나 전기로의 불을 껐다 켰다 하지 않고 계속 가동시킬 수 있다. 소량 생산으로는 어렵겠지만 대량 생산 체제로 바꾼다면 원가를 크게 낮출 수 있었다. 일본 유리 업체로부터 OEM 생산도 하는 업체였기에 품질도 믿을 만했다.

"분명히 됩니다. 공장장님, 한번 해보시죠. 물량이 많으면 충분히 가능성이 있습니다."

이후로도 몇 차례나 공장을 찾아 공장장을 붙들고 설득했다. 원가를 절감할 수 있는 다른 방안들에 대해서도 많은 논의를 거친 후 어렵게 승낙을 받아낼 수 있었다.

"그럽시다. 한번 해보죠."

거짓말 같은 초도주문 물량

생산해보겠다는 승낙은 받았지만 가격을 맞추기 위해서는 더 많은 원가인하 노력이 필요했다. 가장 중요한 것은 물량이었다. 대량생산을 전제로 단가인하가 가능했기 때문에 공장에서는 초도주문으로 어느 정도 물량을 맞춰줄 수 있는지 궁금해했다. 나는 몇 가지 종류의 유리 제품을 선별한 다음 초도물량으로 우선 300만 개를 주문했다. 제조업체로부터 격한 반응이 나왔다.

"300만 개요? 무슨 말을 하는 겁니까? 지금 사기 칩니까? 내가 평생 유리 공장을 해왔지만 이런 주문을 한 번도 받아본 적이 없어요."

주문을 하고도 욕을 먹는 상황이 됐다. 믿을 수가 없다는 것이었다. 당장 신용장을 열어서 주문을 확인해주자 깜짝 놀라면서 담당자 눈이 휘둥그레졌다.

결과는 대성공이었다. 다이소산교에 들어가기가 무섭게 팔렸다. 추가로 아이템을 늘리고 물량도 늘렸다. 주문을 줘도 못 찍어내서 못 팔 정도였다. 아이템 당 20~30만 개씩 주문이 들어갔으니 유리 공장의 전기로가 쉴 틈이 없었다. 당시 IMF 외환위기로 국내 유리 공장들도 경영에 큰 어려움을 겪고 있었다. 그런 위기 속에서 아성다이소의 유리 제품 주문은 한 줄기 빛이 되었을 것이다.

내일이 보장되는 삶은 없다

"일본에 가서 저희 제품이 판매되는 것을 한 번 봤으면 좋겠습니다."

국내에서 생산된 유리 제품들이 정신없이 수출되던 어느 날, 유리 회사의 한 임원이 자기네 제품이 어떻게 팔리는지 보고 싶다고 해서 함께 출장길에 올랐다. 자기들이 만든 유리잔이 일본 시장에서 불티나게 판매된다니 그 현장을 눈으로 확인하고 싶었던 모양이다.

일본 공항에 도착해서 자동차로 다이소산교 본사로 가는 길이었다. 그 임원이 뜻밖의 얘기를 꺼냈다.

"장기적으로 안정적인 공급 체계를 갖추기 위해서 연간 공급물량 보장 계약을 300만 달러, 500만 달러, 이런 식으로 딱 정해서 계약서를 써주시는 건 어떻습니까? 그래야 우리도 안정적으로 마음 놓고 생산을…."

잘 팔리면 계속해서 추가 주문이 이어지는 것은 당연

했다. 반대로 품질이 나빠지거나 소비자들이 더 이상 원하지 않으면 주문은 줄어들 수밖에 없다. 스스로 노력해서 주문량을 유지할 수 있도록 품질을 관리하고 비용을 줄여가는 것이 제조업체가 해야 할 몫이다. 그런데 그런 노력은 하지 않고 주문량을 보장해달라니. 그런 요구는 수용할 수가 없었다.

"물량 보장 계약이라니요?"

나는 그 임원의 이야기가 다 끝나기도 전에 버럭 화를 냈다.

"잠깐 차 좀 세워보세요. 여기서 확실히 하고 갑시다."

나는 달리던 자동차를 길가에 세운 후 말을 이어갔다. 의무적으로 주문량을 정해 계약해달라는 것은 있을 수 없는 일이다. 오늘 잘 팔리는 상품이 내일도 잘 팔린다는 보장은 없다. 그런데 팔리든 안 팔리든 무조건 주문량을 보장해달라니. 소비자들에게 계속 선택받을 수 있도록 좋은 제품을 생산하기 위해 진력을 다하는 것이 제조업체의 기본자세가 아닌가. 적당히 안주하려는 태도가 몹시 불쾌했다.

"그런 얘기를 하려고 따라오신 거면 여기서 돌아가는 것이 좋겠습니다."

그 임원은 다행히 내 말을 이해했다.

"죄송합니다. 제가 생각이 짧았습니다."

과거에는 공급이 부족해 생산자가 시장을 지배했다. 하지만 그런 시절은 지났다. 지금은 고객의 욕구가 우선시되는 시대다. 모든 가치는 고객으로부터 나온다. 고객을 중심에 놓고 고객이 무엇을 원하는지, 어떤 때 감동받는지를 주의 깊게 들여다보고 집중하고 또 집중해야 한다. 고객들 자신조차 미처 몰랐던 욕구를 먼저 찾아내 만족시켜 줘야 살아남을 수 있다. 그러기 위해서는 스스로 높은 수준을 유지할 수 있도록 매일 갈고닦아야 한다. 내일이 보장되는 삶은 없으니 말이다.

정독하라,
상품은 다독하면 안 된다

"천 원짜리 물건이 오죽할까."

"저질이거나 불량품이겠지."

소비자들은 '균일가'와 '저가'를 동일시하는 경향이 있다. '저가는 곧 싸구려'라는 인식도 있다. 값이 싸면 으레 물건의 질도 나쁘리라 생각한다. 어찌 보면 지난 30년은 이런 통념과의 길고 긴 싸움이었다. 우리 상품은 저가이긴 하지만 싸구려는 아니라는 것, 그 자부심 하나로 여기까지 왔다.

여러 번 이야기했지만, 우리의 모토는 고객에게 '놀라운 가치로 감동을' 주는 것이다. 싼 가격에 한 번 놀라고,

품질에 한 번 더 놀라고, 넉넉한 용량과 재치 있는 아이디어에 다시 한 번 놀라 고객의 입에서 자신도 모르게 "이게 어떻게 1,000원이지?" 하는 감탄이 저절로 나오도록 하는 것이 목표다. 그러기 위해서는 이것저것 고려해야 할 것이 많다. 저렴한 가격은 기본이고 신뢰할 수 있는 품질과 반짝이는 아이디어가 뒷받침돼야 한다. 거기에 넉넉한 볼륨은 덤이다.

혼을 담는다는 것

내가 가장 많이 하는 말 중의 하나가 상품에 혼(魂)을 담으라는 것이다. '무슨 예술 작품을 만드는 것도 아닌데 1,000원짜리 상품에 무슨 '혼'씩이나….' 하고 생각할 것이다. 너무 거창한 것이 아니냐고 반문할지도 모르겠다. 그러나 아무리 사소한 상품이라도 혼이 들어가지 않으면 그 가치가 나올 수 없다. 1,000원짜리든 5,000원짜리든 마찬가지다. 정성이 들어가야 원하는 상품이 나온다. 대충 만들면 쓰레기밖에 안 된다. 그래서 상품 하나하나에 집중해야 한다.

'혼'을 담는다는 것은 어떤 의미일까? 원료 투입부터 세부적인 작업 과정, 마무리와 검사, 패킹에 이르기까지 상품개발의 전 과정에 역량을 총 집중해야 한다. 장인들이 작품을 만들 듯 강력한 몰입이 필수다. 내 경험으로는 그래야만 완전한 제품이 나올 수 있었다. 집중과 몰입이 없으면, 즉 혼을 불어넣지 않으면 불량품이 나오는 등 로스가 발생한다. 그러면 자연히 원가가 올라가면서 1,000원에 판매할 수 있는 상품을 만들 수 없다. '싼 게 비지떡'이라는 소리를 듣지 않기 위해 더욱 정성을 들이고 혼을 담는다. 그러니 대형마트나 백화점에서 판매하는 고가의 상품보다 더 많은 고민과 에너지가 들어갈 수밖에 없다.

지금도 주말을 포함해 하루에 20가지씩 새로운 상품이 쏟아져 나오고 있지만, 그렇게 많은 상품을 기획하고 개발해 내놓지만, 한 번도 '이 상품을 팔아서 얼마를 남겨야지' 하는 생각으로 설계해본 적이 없다. 좋은 물건을 볼 때마다 '이 상품을 어떻게 1,000원에 팔 수 있을까? 저런 기능과 매력을 어떻게 1,000원대에 구현할까?'에만 골몰했다.

상품은 정독해야지 다독하면 안 된다. 철저하게 상품

하나하나에 올인하고 최선을 다해야 그 하나하나가 생명력을 가진다. 그러다 보니 신상품을 개발하는 단계가 꽤 까다롭다. 디자이너만 현재 50여 명에 달한다. 국내 유통업체 가운데 디자이너를 이처럼 보유한 회사는 그리 많지 않을 것이다.

신상품은 견본을 구상한 후 업체를 선정해서 완료할 때까지 10여 단계 이상을 거친다. 하지만 이것이 끝이 아니다. 담당 직원이 성패를 판단하기 어려운 상품은 3~5곳 매장에 보름 동안 테스트 판매를 해본다. 이 과정에서 소비자들에게 어느 정도 호응을 얻은 상품만 살아남아 매대에서 판매가 이뤄진다. 지금까지 개발한 상품이 수십만 가지가 넘지만 모든 상품이 예외 없이 이러한 검증 시스템을 거쳐 입점되었다.

그렇게 테스트를 거쳐 판매되는 상품이라도 몇몇 상품은 제대로 기능이 나오는지 고객 입장에서 내가 직접 사용해보기도 한다. 치간 칫솔도 그런 경우였다. 치간 칫솔은 4가지 사이즈로 판매되고 있다. 나는 그 치간 칫솔을 종류별로 가져와 직접 사용해보았다. 그런데 치간 칫솔을 몇 회 사용하지도 않았는데 본체가 끊어져 버리는 것이 아닌가.

품질에 문제가 있다고 생각한 나는 치간 칫솔의 품질을 재검토해보라고 지시했다.

나중에 안 사실이지만, 통상 치간 칫솔의 품질테스트는 좌우 45도로 20회 정도 휘어본다. 이때 안 끊어지면 합격인데, 나는 좌우 90도를 구부려 테스트하다 보니 어떤 것은 8번, 어떤 것은 12번 만에 끊어진 것이었다. 덕분에 다이소만의 치간 칫솔 품질기준을 마련했다. 품질테스트로 아예 90도가 아닌 180도 구부려 사용하는 것을 적용했다. 그래서 다른 것과는 달리 본체를 스테인리스 와이어로 만들고 거기에 탄력을 더하기 위해 나일론 특수코팅을 했다. 손잡이도 딱딱한 플라스틱에서 부드러운 PE로 변경하여 내구성과 견고성을 더했다.

그렇게 작은 것 하나하나까지 들여다보고 또 들여다보며 애정을 기울이다 보니 나는 어디에 놓여 있든 우리 상품을 한눈에 알아본다. 변심한 애인의 눈빛만 봐도 금방 풀이 죽는 연인처럼 상품도 마찬가지다. **개발자의 관심과 애정을 담뿍 받으며 개발된 신상품들은 매장에서도 반짝반짝 빛이 난다.** 그러나 개발자의 애정 어린 시선도 관심도 받지 못한 채 매장에 나오면 풀이 죽은 채 고객에게도 외면당하는 상품이 되고 만다.

광고를 일절 하지 않는 이유

좀 오래된 얘기지만 유튜브에서 한 네티즌이 '다이소 화장품으로 풀메이크업 해봤다'는 영상을 올린 적이 있다. 이 동영상은 150만 명이 넘는 사람들이 보았고, 크게 화제가 됐다.

영상을 직접 촬영한 이 유튜버는 "저렴이 중에 최고 저렴이, 저렴이 중에 갑 중의 갑, 다이소에 다녀왔습니다."라면서 다이소 비닐봉지에서 화장품들을 꺼내 화장을 하기 시작했다. 하나씩 사용해본 후에 괜찮은 제품은 칭찬하고 마음에 들지 않는 제품은 가차 없이 쓰레기통에 넣는 퍼포먼스를 보여주었다. 물론 전체적으로는 좋은 내용이 많았지만 아무리 개인의 사용기라고 해도 우리 상품을 쓰레기통에 던져넣는 모습은 좀 과하다고 생각해 회사 차원에서 유튜버에게 항의의 뜻을 전했다.

그랬더니 예상치 못한 일이 벌어졌다. 대기업 계열사인 방송, 영화, 콘텐츠 제작사에서 연락이 왔다. 좋은 이미지의 영상을 만들어줄 테니 수천만 원의 광고비를 내라는 제안을 해온 것이었다. 알고 보니 우리 상품 사용기를 올린 유튜버는 바로 이 제작사와 계약을 맺고 동영상 콘텐츠를 만드는 사람이었다.

결국 이 사건은 '홍보? 개인소감? 상업성 물든 1인 방송, 감시 사각지대'라는 제목으로 9시 뉴스에 보도가 되기도 했다. 그 동영상을 올린 유튜버는 광고비를 받거나 어떤 대가를 바라고 촬영한 것이 아니라고 항변했지만, 대기업과 계약을 맺은 사람이 특정 기업의 제품을 비방하는 동영상을 찍는 것이 옳은가 하는 의문은 여전히 남는다.

물론 개인이 직접 사용해보고 그 내용을 콘텐츠로 만들어 올릴 수 있다. 하지만 광고비를 들여 과장되게 제품을 미화하고 싶은 생각은 없다. 인위적으로 좋은 이미지를 만들어 광고하는 게 의미가 있을까? 품질이 만족스럽지 않다면 광고보다는 오히려 제품을 개선하는 데 비용을 사용해야 하지 않을까? 그래서 다이소는 광고를 일절 하지 않는다. 광고보다는 품질을 높이고 제품과 매장을 갈고닦는 데 쓴다.

어쨌든 그 유튜버 덕분에 제품의 단점을 알게 되었고, 문제가 됐던 화장품(쓰레기통에 던져진)은 단종했다. 우리가 보기에 아무리 싸고 좋은 제품이라도 고객이 불편을 느낀다든지 마음에 들지 않으면 아무 소용이 없기 때문이다.

오로지 상품력, 입소문이 최고의 광고다

그러다 보니 우리에게는 상품을 알릴 마케팅 수단이 거의 없다. 가격을 할인할 수도 없고, 끼워주기를 할 수도 없다. 행사나 판촉활동도 없다. 1,000원짜리는 언제나 1,000원이고, 2,000원짜리는 언제나 2,000원이다. 1년 내내 똑같은 가격으로 판매하기 때문에 오로지 상품으로만 승부해야 한다. 그 외에는 다른 방법이 없다.

때문에 경쟁업체가 내놓는 상품을 압도할 수 있는 절대적인 가치를 지녀야 한다. 다른 매장에서 5,000원에 판매하는 상품을 4,000원에 파는 것이 경쟁력일까? 나는 그렇게 생각지 않는다. 3,000원에 팔아도 비교 대상을 찾기 어렵겠지만, 우리는 2,000원, 더 나아가 1,000원에 팔기 위해 도전한다. 힘들고 어렵더라도 우리의 기준에 도전한다. 경쟁자와의 싸움이 아니라 우리 자신과의 싸움이다. 거기에서 살아남은 상품만이 곧 경쟁력 있는 상품이기 때문이다.

몇 년간 각종 스포츠 종목에 후원을 해서 TV 중계에 자막으로 나오기도 했는데, 그런 것들을 모두 중단했다. 우리가 해야 할 일은 광고나 홍보가 아니라 오롯이 상품과 매장에 집중하고 스스로를 갈고닦는 일이라고 생각하기 때문이다. 우리는 매장이 광고다. 한 번 온 고객이 다시 오는 것, 상품을 써본 사람의 입소문으로 재구매가 일어나는 것, 오직 가격과 상품이라는 균일가업의 본질로 승부하는 것. 이것이 우리의 광고다.

생활과 문화를 팝니다

하루 몇 명의 고객이 다이소 매장에 다녀갈까. 평균 무려 100만 명 이상의 고객이 계산대를 거쳐간다. 한 번 방문한 고객은 5~6개의 상품을 구입하고, 평균 객단가는 8,500원 정도다. 전국의 모든 매장을 합산해보면, 하루 평균 500만 개, 시간당 42만 개, 분당 7,000개, 초당 약 116개의 상품이 팔려나가는 셈이다. 이는 대한민국 국민이 1인당 다이소 상품을 연간 35개씩 구입하고 있다는 이야기다. 특별한 광고를 하지 않았음에도 고객은 왜 이토록 다이소를 많이 찾아주는 것일까? 단지 가격이 싸서? 그게 전부일까?

일단 다이소에 가보라

우리가 자체 조사한 자료에 따르면 생활용품 매장으로서의 아성다이소에 대한 만족도는 남녀 모두에게 골고루 높았으며, 방문한 고객의 90%가 상품을 구매하고, 구매 고객의 85%가 재구매할 정도로 상품 만족도도 높았다. 그 이유로는 저렴한 가격과 상품의 다양성을 꼽았다. 고객들은 저렴한 가격만큼이나 '상품의 다양성'도 중요하게 여기고 있었던 것이다.

다이소는 인테리어 소품부터 레저·취미용품, 사무·팬시용품, 주방·청소용품, 식품 등 9개 카테고리에 3만 여종의 상품을 구비하고 있다. 생활용품에 관해서는 '만물상'인 셈이다. 일상 생활용품은 물론이고 인테리어, 캠핑, 등산, 수예, 가드닝 용품, 거기다 조화, 생화까지 '다' 있다. 이렇다 보니 집 안에 소소하게 필요한 것이 있으면 제일 먼저 다이소로 달려온다는 것이다. 수납, 철물 등 생활에 필요한 모든 용품을 한 번에 해결할 수 있기 때문이다.

편의점도 다이소처럼 생활용품을 팔지만 다양성과 가격 면에서는 비교가 되지 않는다. 한 통계에 따르면 20평 규모 중소 편의점의 SKU(Stock Keeping Unit, 상품가짓수)는 보통 1,500여 가지, 30평 대형 편의점도 2,000가지 정도라고 한다. 그런데 평균 200평인 다이소 매장에 진열되는 상품은 약 2만 가지에 달한다. '필요한 게 있으면 일단 다이소에 가보라'는 말이 나올 만하지 않은가.

 품목만 많은 게 아니다. 품목별 가짓수도 엄청 다양하다. 칫솔은 70가지, 수세미는 100가지, 면봉 40가지, 세탁망도 66종에 이른다. 무형광 세탁망에서 용도별로(속옷용, 운동화용 등), 모양별로(원형, 사각형, 만두형, 원통형), 종류별로, 크기별로 다 있다. 플라스틱 바구니는 200종, 압도적인 가성비로 사랑받는 머그컵은 일자형, 육각형, V자형, U자형, 쌓는 형, 낮은 둥근형 등 120종이나 된다.

 가위 하나만 해도 주방 가위에서부터 봉제 가위, 미용 가위, 코털 가위, 왼손잡이용 가위, 고기 자르는 가위 등 40종류가 넘고 식칼은 50종이 넘는다. 이처럼 같은 품목이라도 다양한 가격과 재질, 용량은 물론 디자인이 다르기 때문에 고객은 그만큼 선택지가 많다. 아마 대형마트나 이케아 같은 생활용품 매장도 한 품목의 상품을 이렇게 다양하게 보유하지는 못할 것이다.

 흔히 균일가숍은 국민 소득이 낮은 저개발 국가에서 잘될 것이라고 예상하지만, 실상은 그 반대이다. 오히려 미국이나 일본처럼 중산층 비율이 높은 국가에서 더 반응이 좋다. 선진국 소비자일수록 다양한 구매 경험이 있어, 더 합리적이고 알뜰한 소비문화를 형성하고 있기 때문이다.

그리고 이렇게 용도에 따라 다양한 제품을 사용할 수 있는 사회는 경제적으로나 문화적으로 발전한 사회라는 것을 의미한다. 경제적으로 어려운 상황이라면 다양성이 존재하기 힘들다. 불과 10~20년 전 우리나라를 생각해보면 쉽게 알 수 있다. 집 안에 가위 하나로 종이도 자르고 옷감도 자르고 머리카락도 잘랐다. 용도에 맞는 가위가 따로 존재한다고 생각하지 못했을 뿐 아니라 혹여 알고 있다 해도 그것을 구매할 여력이 되는 사람이 많지도 않았다.

오히려 저개발 국가에서는 가위를 40종씩 팔고 부엌칼을 50종씩 판매하는 유통업체보다 생활필수품 한 품목을 가장 싸게 살 수 있는 단순 구멍가게 콘셉트의 점포가 더 필요할 것이다.

생활과 문화를 판다는 것은 바로 그런 것이다. 저렴한 균일가격으로 생활에 꼭 필요한 제품에 대한 다양한 아이디어를 제시함으로써, 고객들은 그 속에서 또 다른 생활의 즐거움을 발견할 수 있다.

안 팔리면 더 투자해라

물론 균일가를 유지하며 3만 가지가 넘는 상품을 다이소가 다 개발하긴 힘들다. 일부 품목은 전국 브랜드(national brand)를 취급하기도 한다. 예를 들어 소비자의 뇌리에 고유명사처럼 각인된 신라면, 초코파이 등은 소비자의 충성도가 높으므로 다이소 매장을 방문한 고객이 원스톱 쇼핑을 할 수 있도록 갖춰놓고 있다.

그러나 다이소 매장에는 국내업체를 포함한 전 세계 35개국, 3,600여 업체에서 소싱한 상품이 주류를 이룬다. 우리에게 필요한 제품을 기획해 제조업체를 찾아 소싱하거나, 아이디어를 제공해 개발할 수 있도록 지원해주기도 한다. 물론 단순히 우리가 찾는 제품이라고 해서 매입하지는 않는다. 우리가 요구하는 품질 수준을 갖추었을 때만 매입한다.

다이소가 이토록 다양한 상품을 보유할 수 있었던 것은 끊임없이 신상품을 개발해 온 이유도 있지만 한편 활성화되지 않은 시장을 예측하고 미리 준비하고 있었던 덕분이기도 하다. 예를 들어 원예용품을 도입한 것도 10여 년 전이었다.

일본은 단독주택 문화로 원예 관련 상품이 굉장히 다양하고 활성화돼 있었으나 우리는 그렇지 않았다. 아무래도 아파트에 사는 사람이 많다 보니 원예에 대한 관심이 그리 크지 않았다. 그래서 처음엔 조화, 플라스틱 화분 중심으로 조그맣게 매대를 꾸린 후 점차 구색을 늘려갔다. 그러던 것이 코로나19로 '집콕 생활'을 하는 시간이 길어지며 다양한 취미용품과 함께 원예용품에 대한 관심도 높아지기 시작했다. 지금은 상추, 고추, 치커리 같은 각종 모종으로부터 다육식물, 수경재배 식물을 비롯해 흙, 비료, 영양제 같은 분갈이 용품에 이르기까지 화훼단지나 꽃시장에 가야만 볼 수 있는 다양한 제품들이 구비되어 있다.

호스 분사기, 호스 밴드, 투명 물호스 등 수전 용품과 조립형 자갈무늬 매트, 원예용 2단 선반 등 장식소품, 열매 배양토, 수정토, 자갈 등도 있다. 또 전지용 가위와 식물 이름을 적어서 꽂아두는 가든 피크, 원형 지지대와 식물을 지주대에 고정시켜줄 철끈, 원예용 와이어, 모종삽, 분갈이용 네트망, 낫까지 구비해놓았다.

특히 지주대는 150cm, 120cm, 90cm, 75cm 등 길이별로 구비되어 있다. 전문점에서도 쉽게 찾아보기 힘든 지주대와 원예 장갑은 '다이소에 이런 것도 다 있어?'라며 감탄을 자아내는 상품이기도 하다. 덕분에 다이소의 원예용품은 연 매출이 껑충 뛰었다. 특히 도기화분은 원예 시그니처 상품으로 전년 대비 87%나 신장했다.

상품이 고객에게 인지되려면 시간이 걸린다. 특히 문화적으로 익숙하지 않은 상품인 경우에는 더 오래 걸린다. 반려동물용품이나 파티용품 같은 것도 국내에서 시장이 거의 활성화되지 않았을 때부터 준비하고 기다린 경우다. 특히 와인용품은 직원들조차 처음엔 고개를 갸우뚱했다. 와인은 비교적 고가이고, 소주나 맥주처럼 편하게 자주 마시는 술은 아니지 않나 하는 인식이 있기 때문이다. 직원들도 과연 우리 매장에서 와인잔이 팔릴까 반신반의했지만, 와인이 점점 더 대중화되어가고 있는 트렌드를 눈여겨보았고 저렴한 가격의 품질 좋은 와인잔을 미리 준비해놓았다.

그러나 처음 일자로 줄 세워놓은 와인잔은 별로 눈에

띄지 않았다. 그래서 와인잔의 가치를 돋보여 줄 집기를 개발했다. 진열대를 만들고 조명을 넣었다. 1,000원짜리 상품을 팔기 위해 집기에 별도의 많은 투자를 한 셈이다. 진열대 속에 와인잔을 넣은 것이 아니라, 와인잔을 위해 진열대를 개발했으니 말이다.

와인잔의 종류도 골드링이 둘러진 잔부터 크리스털 잔까지 다양한 모양과 크기의 제품을 구비했다. 오프너, 와인랙, 디캔터, 에어레이터, 스토퍼, 마커 등 와인 용품도 함께 구색을 맞췄다. 와인 홈바가 만들어지며 비로소 와인잔이 돋보이기 시작했다. 이처럼 고객이 미처 생각하지 못한 제품까지 잘 구성해두는 것도 상품의 가치를 높이는 것이다. 안 팔린다고 해서 없애버린 것이 아니라 상품의 가치를 제대로 표현하기 위해 투자를 해서 효과를 본 셈이다. 꽃이 열매를 맺는 데만 시간이 걸리는 것은 아니다. 현재 팔림새가 좋지 않더라도 단종시키지 말고 꾸준히 구색을 갖추면 고객의 눈에 드는 시점이 반드시 온다. 그 시간을 준비하고 기다려야 하는 것이다.

다양성으로 상품의 가치를 높이다

상품의 종류가 워낙 다양하고 회전율이 빠르다 보니 고객들은 방문할 때마다 새로운 상품을 만나게 된다. 아니, 미처 신상품을 보지 못했는데 품절되기도 한다. 또 매장마다 상품구성이 조금씩 다르다. 아무리 매장이 넓어도 3만 2,000여 종의 상품을 모두 진열하기는 힘들기 때문에 주택가나 아파트 단지 근처에 있는 매장은, 주부들과 가족 단위 고객들이 주로 찾는 상품이 많고, 대학가 근처의 매장은 자취생들이 꼭 필요로 하는 생활용품이나 팬시, 미용용품 등을 많이 갖추고 있다.

지역에 따라서도 특징이 있는데, 예를 들어 서울 강남 지역 매장은 반려동물용품과 여행용품, 미용용품과 원예용품 등의 비중이 다른 지역에 비해 높은 편이다.

혹시 다이소 무인 계산대에서 바코드에 스캐너를 갖다 대도 읽히지 않아 당황한 적이 있으신지. 당신이 서툴러서가 아니다. 다이소에 상품이 너무 많다 보니 기존의 바코드(막대모양의 1차원적 바코드)로는 물류를 다 관리할 수 없어 QR코드를 사용하고 있기 때문이다(정확히는 QR코드 모양의 2차원 바코드다). 얼마나 다양한 상품이 있는지 조금이나

마 짐작이 될 것이다. 그러니 다이소를 처음 찾는 고객이시라면 무인계산대 앞에서 당황하지 마시길.

신드롬을 만들어내는 회사

"뭐 살 것 없나?"

꼭 필요한 상품이 있어서라기보다는 주기적으로 다이소 매장을 찾아가 보물찾기하듯 구석구석 돌며 신상품을 살펴본다. 다이소 쇼핑의 재미에 푹 빠진 이들을 '다이소족'이라고 부른단다. 다이소만 보면 무의식적으로 들어가 매장을 배회하는 것을 '다이소 증후군(daiso syndrome)', 개미귀신이 먹이를 잡기 위해 파 놓은 구멍처럼 한번 들어가면 빠져나올 수 없다는 의미의 '다이소 개미지옥', 심지어 '다이소 털이범'이란 이름의 커뮤니티도 있다고 한다.

다이소를 소재로 한 신조어들을 보며 소비자의 소비

패턴이 새로운 소비문화를 창조해가고 있음을 느낀다. 그렇다면 다이소의 어떤 점이 소비자들을 견인한 것일까? 마침 한 신문에서 균일가 생활용품점에 관해 조사한 자료를 읽을 수 있었다.

2019년 디지털 조선일보에서 흥미로운 기사를 보았다. 가장 많이 방문해본 균일가 생활용품점으로 97% 이상이 '다이소'를 꼽았다. 그 이유가 '적은 돈으로 다양한 상품을 구매할 수 있기 때문'이었다. 그리고 균일가 생활용품점에 대해 소비자들은 '다양한 상품을 보는 재미가 쏠쏠하다'(86.1%), '독특하고 재미있는 중소업체의 아이디어 상품을 만날 수 있다'(77.7%), '어려운 가계 살림에 도움이 된다'(71.1%), '기존 유통경로에서는 볼 수 없는 상품이 많다'(65.5%)고 답했다. 결국 그토록 많은 고객이 다이소를 찾은 이유가 '적은 돈'으로 '다양한 상품'을 구입할 수 있는 것 외에도 '일상의 소소한 즐거움과 재미'를 경험할 수 있었기 때문이었음을 알 수 있었다.

재미와 의미를 공유하는 신나는 놀이터

"품번 1016071 있어요?"

한 30대 여성 직장인이 다이소 미니 세탁기 장난감을 찾아 여기저기 매장을 돌아다닌다는 기사를 보았다. 조카에게 사주기 위해서가 아니다. 소주와 맥주를 섞어 폭탄주를 만들기 위해서다. 미니 세탁기는 우리가 개발한 '움직이는 가전놀이 시리즈' 6종 중 하나다. 가로 10cm가 조금 넘는 작은 사이즈지만 통돌이 세탁기처럼 물을 넣으면 빙빙 돌아간다. 배수관도 있어서 물이 빠지는 기능까지 일반 세탁기의 기능을 구현한 기발한 장난감이다. 그런 디테일 덕분에 아이들에게 매우 인기가 높은 상품이었다.

그런데 고객들은 이 장난감을 가지고 폭탄주를 만들거나 액체괴물을 제조했다. 많은 이들이 자신만의 이색 활용법을 SNS에 경쟁적으로 선보이자, 너도나도 이 상품을 사러 다이소에 왔고, 얼마 못 가 품귀현상까지 빚어졌다. 3,000원짜리 장난감인데, 프리미엄이 붙어 2만 원 이상으로 거래된다는 이야기도 들었다.

최근에는 배우 한소희 씨가 생일파티 때 착용한 핑크

색 보석이 박힌 목걸이와 귀걸이가 화제가 되었다. 그 목걸이와 귀걸이를 착용한 사진을 자신의 인스타그램에 올려 알려진 일인데, 이 상품은 다이소에서 1,000원에 팔고 있다. 소녀시대 태연 씨가 한 방송에서 착용한 3,000원짜리 핑크색 하트 모양 귀걸이와 목걸이, 왕관 세트도 금세 품절이 되었다.

이렇듯 어린이들을 위해 기획한 장난감이 2030세대 자취생, 직장인에게 인기몰이를 하며 '다이소 팬덤'이 형성되었다.

다이소의 고객은 이제 상품을 구매하는 데 그치지 않고 원래의 기능을 재해석하고 재창조해서 사용하기 시작했다. 미술을 전공하는 학생이 다이소 약통을 물감 팔레트로 활용하면서 다이소 약통이 인기 상품으로 등극했다. 또 원래는 주방용품으로 반죽을 자르기 위한 다용도 스텐 끌 칼이 메이크업 팔레트로 사용되기도 했다.

이런 기사를 볼 때마다 창조적이고 능동적인 다이소의 고객들에 대해 감탄을 금치 못한다. 방송이나 매거진 등의 광고에 현혹되기보다 개발자인 우리도 감히 생각지 못한 기능을 스스로 발견해 품절 사태를 만들어내는 것을 보면 참으로 놀랍고 신기할 뿐이다. 한편 다이소가 똑똑하고 창조적인 소비자들의 재미와 의미를 공유하는 신나는 놀이공간으로 애용되고 있는 듯해 내심 뿌듯하기도 하다.

2030이 가장 좋아하는 라이프스타일숍

이쯤에서 궁금해지지 않을 수 없다. 그렇다면 다이소를 가장 많이 찾는 고객층은 누구일까? 다이소의 주요 고객층이 가정주부일 것으로 많이들 생각하지만, 자체 조사에 따르면 실제 다이소를 가장 많이 찾는 세대는 20대다. 20대 고객이 전체의 30%로 가장 많고, 이어 30대가 25%, 10대와 40대가 각각 20%를 차지한다. 오히려 50대 이상은 5%로 그리 많지 않다. 저렴한 가격으로 다양한 상품을 구매하며 '일상의 소소한 즐거움과 재미'를 경험하는 쪽으로 소비패턴이 진화하면서 다이소의 주된 고객층도 변하기 시작한 것이다.

가성비와 가심비를 모두 잡는다

특히 다이소에는 88만 원 세대, 3포 세대, 5포 세대, 7포 세대 등 젊은 세대의 발길이 끊이지 않는다고 한다. 그래서 일명 '탕진잼의 최고 성지'로 불린다는 것이다. '탕진잼'은 탕진과 재미를 합성한 조어로, 적은 돈으로 맘껏 쇼핑을 즐기며 스트레스를 풀 수 있다는 의미를 담고 있다. 경제 사정이 좋지 않은 2030세대가 그 탕진잼을 즐기는 곳이 바로 다이소라는 것이다. 실제 2030세대가 자주 드나드는 SNS에서는 다이소 상품을 구매한 쇼핑 인증샷을 남기거나, 매장에서 발견한 재미있는 상품들을 서로 공유한다. 또 서로 상품의 성능에 관해 질문도 하고 칭찬도 하면서 저마다의 '인생템'을 추천하기도 한다는 것이다.

또한 '소확행(소소하지만 확실한 행복)'을 추구하는 이들이 기분 전환을 위한 소비가 이뤄지는 곳도 다이소라고 한다. 1만 원짜리 한 장으로도 사치를 부릴 수 있는 곳이 바로 다이소라는 것이다.

이토록 똑똑하고 기발한 소비자와 소비형태를 예측한 것은 아니었지만 사실 '놀라운 가치로 즐거움과 감동을 주겠다'는 경영이념 속에는 가성비뿐만 아니라 가심비도 포함된 것이었다. 적은 비용으로 '탕진'의 재미를 누린다는 '다이소 탕진잼'도 가심비 충족에 해당될 것이다. 탕진잼, 소확행 등은 경기 침체가 만들어낸 소비형태겠지만 아무튼 어려운 시절, 국민가게로서 조금이나마 위로가 될 수 있다는 점에서 오히려 내가 감사한 마음이 들었다.

한 조사에 따르면* 다이소 브랜드에 대한 충성도와 인지도가 가장 높은 이들이 MZ세대라고 한다. MZ세대 사이에서는 다이소가 '굿즈 맛집'으로 통한다는 것이다. 아시다시피, MZ세대는 1980년대 초~2000년대 초반에 출생한 밀레니얼 세대와 1990년대 중반~2000년대 초반 출생한 Z세대를 통칭하는 말이다.

기성세대들이 동네 문구점이나 아트박스, 교보문고 등에서 경험했던 재미를 MZ세대는 다이소에서 경험하는 것이 아닌가 하는 생각이 들었다. 모바일을 손에 쥐고 태어났다 해도 과언이 아닌 이들은, 최신 트렌드에 민감하고 남들과 다른 이색적인 경험을 추구한다. SNS를 기반으로 유통시장에서도 강력한 영향력을 발휘하는 소비 주체로

• 대학내일20대연구소, 〈2020 MZ TOP BRAND AWARDS〉 연구 리포트.

부상하고 있다.

5배 넘는 '웃돈' 거래

특히 다이소의 시즌 시리즈는 출시 전부터 큰 관심을 보이며 미리 체크하고 디자인별 상품을 수집하는 경쟁도 벌인다는 것이다. 2015년 태동한 시즌 시리즈 기획전은 회를 거듭할수록 '핵인싸템(인기제품)'을 많이 만들어내고 있다. 초창기 봄봄의 '벚꽃시리즈' 상품 중 '벚꽃 우산'은 여성 누리꾼들의 마음을 사로잡았다. 그냥 보기엔 민무늬지만 비가 내려 물을 머금으면 벚꽃무늬가 생기는 상품이었다. 지금은 '봄봄'을 비롯하여 여름에는 여름 상품 대전, 가을에는 캠핑과 핼러윈, 겨울에는 크리스마스, 신년 시리즈를 선보이고 있다.

최근 개발한 '볼이 빵빵한 친구들' 시리즈는 SNS 입소문에 힘입어 출시 열흘 만에 품절 사태를 빚었다. 그러자 중고거래 시장에서 5배가 넘는 '웃돈'까지 얹어 거래되는 현상이 발생했다. 도토리를 입에 가득 문 다람쥐 캐릭터 인형인데 이후 토끼, 햄스터 등 친구를 늘려 출시했지만 여전히 조기품절 되곤 한다.

이처럼 자체적으로 개발한 캐릭터 외에도 인기 캐릭터와 컬래버레이션 하기도 한다. 디즈니 픽사 시리즈, 위니 더 푸 등 캐릭터 시리즈도 좋은 반응을 얻었다. 월트 디즈니가 소유한 캐릭터 판권비용을 감안하면 그야말로 '놀랄 만한' 가격이라고 자부한다. 또 영화 '어벤저스:엔드게임'의 흥행 시점에 맞춰 마블 시리즈 70여 종을 한 번에 출시했다. 그중 아이언맨과 스파이더맨 로고가 새겨진 5,000원짜리 텀블러는 품귀현상을 빚기도 했다. 매장마다 그 텀블러를 찾는 전화가 빗발쳤다고 한다.

최근에는 콜렉트 북이 좋은 반응을 얻고 있다. 콜렉트 북은 폴라로이드 사진이나 포켓몬카드 등을 잘 담아두는 일종의 스크랩북인데, 다꾸(다이어리 꾸미기), 폴꾸(폴라로이드 꾸미기), 탑꾸(탑로더 꾸미기)의 트렌드에 맞춰 개발된 상품들이다.

한편 어릴 적부터 다이소를 경험하며 자란 10대인 알파 세대들의 약진이 눈에 띈다. 이들은 팬시용품은 물론, 생필품, 화장품까지 다이소에서 소비하는 것에 익숙하다. 꼭 필요한 필수템 보다는 유행템을 많이 사러 다이소로 간다고 말하는 이들에 대해 인하대 소비자학과 이은희 교수는 "다이소는 알파 세대의 천국"이라고 말한다. 가격이 저렴하고 물건도 다양하고 구색도 자주 변해서 선호한다는 것이었다. 이어 "용돈으로 구매 가능한 상품이 많아 자기 효능감을 느끼기에도 좋은 조건"이라고 덧붙였다.**

가정주부부터 알파 세대에 이르기까지 성별이나 나이에 상관없이 다이소에서 고객들 스스로 새로운 소비 트렌드와 라이프스타일을 만들어가며 그 과정을 즐기고 있는 듯하다. 이에 최근에는 카카오톡 '다이소 모바일 상품권'을 만들었다. 1,000원, 5,000원, 1만 원, 3만 원, 5만 원, 10만 원 등 6가지로 출시했다. 특별한 날이 아니더라도 선물을 주고받는 언택트 선물문화가 일상화된 시대에 조금이라도 마음을 나누는 데 징검다리가 되었으면 하는 마음이다.

** 용돈 받는 알파세대 정조준하는 다이소…, 〈뉴스토마토〉, 2022년 5월 24일 자.

우리는 고객이 이끄는 대로 간다

그러고 보니 지난 30여 년간 다이소의 DNA를 변화시킨 것은 바로 고객이었다. 고객의 취향과 소비패턴이 다이소의 진화를 이끌어낸 셈이다. 그동안 슬로건이 4번 바뀌었는데, 그 변화 속에 고객을 대하는 우리의 자세와 아성다이소의 역사가 고스란히 담겨 있는 듯하다.

1997년 천호동에 13평짜리 점포를 낼 때만 해도 슬로건이 '**천 원의 행복**'이었다. IMF로 국가 경제가 위기에 봉착해 있었던 때다. 철저한 절약정신으로 실용적 소비를 지향하던 시대를 반영한 모토이기도 했다. 이때는 무엇보다 가격이 중요했다. 꼭 필요한 생활용품을 다른 곳보다 저렴하게 구매할 수 있도록 하는 것이 우리의 콘셉트였다.

당시도 1,000원짜리 제품은 있었지만 많은 중소기업이 도산하며 천냥하우스, 천원숍 등 땡처리 매장이 혼재해 있어 균일가숍에 대한 정체성이 분명치 않았다. 그래서 아이덴티티를 '**대한민국 대표 생활센스 스토어**'로 잡았다. 땡처리 제품이 아닌 좋은 품질과 제대로 된 구성으로 고객께 센스 있는 상품을 제안하고 합리적 소비문화를 창조해가겠다는 생각에서였다.

그러다 2010년경 슬로건이 '**스마트 라이프, 스마트 다이소**'로 바뀐다. 2010년은 우리 경제가 6.8%의 성장을 이룬 해였다. 경제 전망지표가 밝아지자 고객의 소비패턴도 변화하기 시작했다. 싼 가격은 기본이고, 똑똑한 소비를 시작한 것이다.

'똑똑한 소비'에 대응하는 제품을 기획해야 했다. 예를 들어, 뭔가를 만들며 스트레스를 풀고 싶지만 재료가 비싸 엄두를 내지 못했던 DIY용품들 말이다. 사람들이 다이소에서 저렴하게 소품을 구매해 새로운 취미생활을 삼게 되면서 '다이소 발(發) DIY 유행'이 시작되었다. 다이소 바구니를 이용한 공간 박스 수납하기, 다이소 오동나무 서랍으로 계단식 서랍장 만들기, 다이소표 미니어처 의자 만들기 등 다이소 상품을 이용한 DIY가 유행하게 되었다.

이 스마트한 소비 속에서 가격이나 품질을 뛰어넘어 또 다른 가치를 스스로 발견해가는 고객들의 모습을 볼 수 있었다. 그래서 이들을 위해 DIY 관련 제품을 크게 늘리고 DIY 코너를 별도로 마련하기도 했다.

상품의 종류가 3만여 종이 넘고 카테고리도 수백 개가 되자, 슬로건도 **'생활의 지혜, 생활의 발견'**으로 바뀌었다. 그러면서 아이덴티티도 **'앞선 감각의 생활동반자'**로 변모했다. 이를 영어로 표현하면 **'센서블 리빙 파트너(Sensible Living Partner)'**다. 여기서 '센서블'은 센스 있는 상품 제안, 저렴한 가격, 재미있는 쇼핑을 통해 합리적인 소비문화를 창조한다는 의미다. '리빙'은 다양한 상품과 원스톱 서비스로 새로운 라이프스타일을 창조하겠다는 것이고 '파트너'는 품질에 대한 믿음과 함께 즐거운 쇼핑 경험을 주는 생활 동반자가 되겠다는 뜻이다.

화장실에 들어가면 늘 변기커버를 올려놓고 나오는 남편 때문에 불편했는데 1,000원에 2개나 들어 있는 변기 뚜껑 손잡이를 발견해 너무도 잘 쓰고 있다는 주부 K씨. 알뜰 치약 짜개, 발광다이오드 귀이개, 미용실에 가지 않아도 자연스러운 웨이브를 만들어주는 스틱컬 등 다이소에서 센스 있는 제품을 발견해 생활의 지혜로 삼는 것, 미처 생각하지 못한 아이디어 상품들을 발견함으로써 생활이 더욱 편리해지고 더불어 쇼핑의 즐거움도 함께 누릴 수 있었으면 하는 바람에서였다.

우리의 타깃은 '라이프'

2016년에 아성다이소는 다시 슬로건을 바꾸었다. 2001년 아스코이븐프라자를 다이소로 변경했을 당시의 '다 있소'의 의미를 슬로건으로 바꿔 다시 한번 각인시킨 것이다. '다 있다'는 의미와 '다 있소'라는 라임을 맞춰 재미있게 다이소의 핵심가치를 전달하기 위해서다.

필요한 것은 다 있소(다양성)
원하는 가격에 다 있소(가성비)
어디든지 다 있소(접근성)

어떤 고객이 이를 정확하게 간파해 인터넷에 올렸다.

미처 생각하지도 않았던 상품까지 다 있음(필요한 것은 다 있소), 최대 5,000원이 넘는 상품이 없음(원하는 가격에 다 있소), 집에서 걸어서 5분 거리에 위치해 있음(어디든지 다 있소). 참으로 적절한 요약이 아닐 수 없다.

'필요한 것은 다 있소'라는 말의 의미가 품목의 다양함만을 뜻하진 않는다. 어느 세대든, 어떤 취향이든, 생활용품에 관한 한 국민 모두를 충족하겠다는 의미다. 주방용품만 해도 나이가 지긋한 할머니들이 좋아하는 장미꽃 문양 접시부터 플레이팅하기 좋은 대리석 접시, 어린이 식기, 신혼부부가 좋아하는 골드링 접시, 자취생들이 좋아하는 식판, 업소용 접시까지 다양한 종류와 가짓수로 생활에 필요한 모든 수요를 담아내고자 한다.

'다이소에 가면 다 있을 거야'라는 고객의 기대를 저버리지 않기 위해, 단 한 분이 찾을지 모르는 상품도 꾸준히 유지하고 있다. 그래서 다이소 매장에는 시멘트 1kg 포대, 안전장갑, 지주대, 낫, 호미처럼 쉽게 찾을 수 없는 상품들이 많다.

학생은 학생으로서의 생활이, 주부는 주부로서의 생활이 있다. 각자 생활의 방식이나 영역은 다르지만, 필요한 생활용품만큼은 다이소에 모두 구비해 놓겠다는 조금은 방대한 야심이다. 주위에서 타깃 고객이 너무 폭넓은 것이 아니냐고 걱정하며 묻는다. 그 많은 수요를 어떻게 감당하느냐는 것이다. 그러나 우리의 타깃은 성별이나 나이가 아닌 '라이프'다. 우리의 목표는 '가성비 높은 라이프스타일을 제공'하는 것이다.

먼지떨이 하나 사러 갔다가 먼지 날림 방지 시트도 사고, 걸레가 달린 슬리퍼까지 구매했다는 고객의 이야기처럼, 필요한 물건만 사서 나가는 것이 아니라 생활의 지혜를 발견하는 쇼핑을 통해 가성비 높은 라이프스타일을 제공하는 것이 우리의 목표다.

아성다이소의 이런 진심이 통했는지 2017년 CCM(소비자중심경영) 인증을 획득했고, 2019년, 2021년 연속해서 재인증을 받았다. 이는 아성다이소의 상품과 서비스를 소비자들이 믿고 이용해도 좋다는 것을 한국소비자원이 평가하고 공정거래위원회가 인증해준 것이다.

초창기 **'생활문화의 창조'**에서 현재의 **'앞선 감각의 생활 동반자'**까지 나열하고 보니 무척 많은 변화가 있었던 듯하지만, 표현만 다를 뿐 핵심이 고객이라는 점에서는 동일하다. 30여 년 한결같이 우리는 고객을 향해 진화해왔다. 또 앞으로도 우리는 고객을 향해 진화할 것이다.

중요한 것은, 본질에 얼마나 집중했느냐

어느 날 모 건설회사 회장과 우연히 마주쳤다. 건설업이 한창 힘들 때였다.

"박 회장님은 어떻게 천 원짜리로 성공하셨어요?"

그 회장은 부동산 불경기에 벌여놓은 사업들이 위태로워 하루하루가 가시방석 같다고 했다. 망가지기 직전까지 왔다면서 M&A도 해보고 지원도 받다가 구제금융까지 신청했다면서, 나에게 어떻게 저렇게 작은 아이템을 가지고 성공했느냐고 신기해했다.

그러고 보면 부가가치가 크다고 해서 무조건 성공하는 것은 아닌 것 같다. 어느 자료에서 보니, 성공적으로 지속적인 성장을 달성했던 대부분의 기업은 생각처럼 소위 유망 업종이나 첨단산업에 투자한 기업들이 아니었다. 오히려 단일 핵심 사업에 자원을 집중적으로 투자한 기업들이 지속적인 성장을 했다는 것이다. 그 자료를 보며 언뜻 그 일이 떠올랐다. 나도 한때 외도를 꿈꾼 적이 있었기 때문이다.

2000년대 초반 어느 날이었다. 회사가 물류창고 부지로 사용하던 땅이 개발 계획에 의해 갑자기 수용되고 대토로 상업용지를 받으면서 엉뚱한 욕심이 생겼다. 팔자에도 없는 건설업에 뛰어들고 싶은 생각이 머릿속을 스친 것이다.

천 원짜리 균일가 상품을 개발하기 위해 매일매일 원가와 전쟁을 벌이는 일에도 지쳐 있었다. 남들이 부동산 투자해서 큰돈을 벌었다는 소리를 들으면 부럽기도 했다. 나라고 왜 쉽게 돈 버는 일을 마다하겠는가. 한 건 크게 터뜨려 단번에 돈을 많이 벌 수 있다면 나도 한번 해보고 싶었다.

한편으로는 그동안 고민해왔던 사업 다각화에 대한 대안이 될 수 있으리라는 생각도 했다. 규모가 커지고 직원이 늘면서 회사의 지속가능한 성장이 늘 고민이었다. 이 기회에 건설업에 진출해 성공한다면 장기적으로 경영의 리스크를 줄이면서 훨씬 안정적으로 회사를 이끌어 나갈 수 있지 않을까 하는 생각이 들었다.

구상을 당장 실천에 옮겼다. 건설 시행사를 만들어 아파트를 짓고 분양까지 직접 했다. 1,000원짜리 팔아서 10원 남기는 장사와는 비교가 되지 않았다. 아파트는 1채만 팔아도 돈이 수억 원이다. 아파트를 몇 채, 몇 동 팔면 수백억 원이다. 1,000원짜리 상품을 얼마나 많이 팔아야 그 정도 금액이 나올지 계산조차 힘들었다. 분양만 잘 되면 그동안 다이소를 성장시키느라 고생했던 일들을 한방에 만회할 수 있을 것만 같았다.

하지만 결과는 참혹했다. 건설 경기는 불황이었고, 그 여파로 분양이 제대로 되지 않았다. 아파트 분양은 어찌어찌 간신히 마무리했지만 상가가 미분양으로 남았다. 그 상가건물은 아직도 미분양으로 남아 애를 먹이고 있다. 그러다 보니 투자한 돈도 제대로 건지지 못했다. 큰돈을 벌기는커녕 그동안 벌어뒀던 돈을 다 까먹지 않은 것만으로도 다행이었다.

잘할 수 있는 일에 최선을 다한다

한 번의 경험으로 충분했다. 그 후 건설 관련 사업은 모두 정리하고 원래 자리로 돌아왔다. 예기치 않았던 첫 외도는 이렇게 대실패로 막을 내리고 말았다. 결국, 내가 잘할 수 있는 일, 다져놓은 일로 다시 돌아와보니 알게 되었다. 잘 알지도 못하고 잘하지도 못하는 일에서 막연하게 성공을 기대한다는 것이 얼마나 위험한 일인지 말이다.

실패를 통해서 얻은 가장 큰 교훈은 한눈팔지 않고 우리만 할 수 있는 것, 우리가 가장 잘할 수 있는 일에 더욱 집중하자는 것이었다. 이것은 내 좌우명이 되었다.

남들이 보기에 큰 실패 없이 순탄하게 성공 가도를 달려온 것처럼 보이겠지만 실상은 그렇지도 않다. 사업 초기에 자금 사정이 열악했을 때, 일본 거래처로부터 3억 원이 넘는 돈을 부도 맞아 사업을 포기할 뻔한 적도 있었다. 앞서 말했듯이, 물류센터 완공이 늦어져 매장에 상품을 제대로 공급하지 못했을 때는 이대로 무너질지도 모른다는 생각에 밤잠을 설쳤다.

돌아보면 실패도 참 많이 했다. 하지만 실패를 할 때마다 본래 자리로 돌아가서 다시 시작했다. 처음에 출발한 자리에서 핵심이 무엇인지를 다시 생각했다. 내가 잘나고 똑똑했다면 손대는 일마다 성공했을지 모른다. 하지만 내가 그나마 여기까지 올 수 있었던 것은 언제나 본질을 놓치지 않으려 했던 것, 핵심에 충실하고자 했던 노력 때문일 것이다.

지금도 여러 관계사가 있지만 상품 소싱과 수출을 위한 무역 회사, 매장 관리를 위한 부동산 관리 회사, 온라인 사업 등 모두 주력사업인 아성다이소 유통과 관련된 사업이다. 기존 사업과 관련이 없는데 막연하게 돈이 된다고 해서 운영하는 사업은 하나도 없다. 균일가 사업이라는 본질에 초점을 맞추고 그 사업을 더 잘하기 위해서 집중할 뿐이다.

M&A 등으로 몸집을 불리는 것도 경영전략의 하나가 될 수 있겠지만, 우리는 단일 핵심 사업에 자원을 집중 투자하는 방식을 택했다. 진정한 집중이란 우리의 잠재력을 더 깊이 파고, 더 치열하게 개발하는 것이고, 이 몰입을 통해 균일가를 유지하면서 한 단계 더 끌어올린 품질로 고객에게 놀라움과 감동을 주는 것이다. 이와 같은 핵심사명에 역량을 최대한 발휘해 기본에 충실히 집중하는 것이야말

로 우리가 지속적으로 성장하는 길이다. 핵심사명을 한순간도 잊지 않는 것, 그것이야말로 **'본질경영'**이다.

"와, 이런 상품이 어떻게 1,000원이지?"
매출이 올라가고 수익이 높아졌다는 말보다
현장에서 고객의 이런 탄성을 듣는 것이 나는 훨씬 더 기쁘다.

Part 3.
천 원짜리 품질은 없다

문제도 해법도 항상 현장에 있다

"현장을 챙겨라!"

모든 경영자가 하는 뻔한 말 같지만, 나는 특히 이 말을 수천수만 번 강조해왔다. 고객은 책상 위에 있지 않다. 그래서 나는 편하게 사무실 책상에 앉아 보고를 받기보다는 번거롭더라도 매장을 몸소 둘러보곤 한다. 13년간 생산현장의 책임자로 지냈기 때문에 그 누구보다 현장의 중요성을 잘 안다.

물론 상품개발도, 물류배송도 모두 현장에서 이루어진다. 하지만 다이소에서 가장 중요한 현장은 당연히 '매장'이다. 고객과 직접 만나는 최종 접점이기 때문이다. 그래서 나는 수도권, 영남권, 충청·호남권, 제주도 등 전 지역을 나눠 매장을 순회한다.

그러나 정기적인 방문 외에도 틈만 나면 현장을 찾는다. 자동차를 타고 약속 장소로 이동하다가 다이소 매장이 눈에 띄면 차를 세우고 매장을 불쑥 방문한다. 미리 예고하고 방문하면 세트장처럼 준비된 상태여서 정확하게 파악하기 어렵기 때문이다. 매장에 발을 들여놓기만 해도 어떤 상태인지 파악이 된다. 어떤 부분이 잘되고 있는지, 무슨 문제가 있는지를 매장 직원의 옷차림, 표정, 눈빛만 봐도 금세 알 수 있다.

특히 상품진열이나 매장연출, 고객응대가 엉망인 것을 발견하면, 밤에 잠이 안 올 정도로 속상하다. 그래서 며칠 뒤 상태가 어떻게 개선됐는지 확인하기 위해 반드시 그 매장을 다시 찾아간다. 만약 여전히 같은 상태라면 현장의 총책임자인 점장을 직접 나무라기도 한다.

고객의 말 한마디, 작은 움직임도 놓치지 마라

현장에 모든 문제의 시그널이 있고 그에 대한 솔루션

도 있다. 그래서 난 중요한 의사결정을 할 때도 현장을 먼저 방문한다. 어느 날 갑자기 매출이 부진해지는 일은 없다. 그전에 매장 이곳저곳에서 경미한 징후와 전조들이 보이게 마련이다. 이때 시그널을 포착하고 면밀히 살핀다면 문제를 예방하고 답을 찾을 수 있다. 문제란 현장이 알려주는 사소한 징후나 전조증상을 방치할 때 일어난다.

내가 매장을 자주 찾는 것도 이런 전조와 징후들을 행여라도 간과하지 않기 위해서다. 하지만 현장직원들에게는 스트레스가 될 수도 있다. 그러나 내가 한 번 방문하고 나면 매장이 이전보다 더 좋아지는 것은 분명하다. 그런 의미에서 매장 순회는 매장의 부담이 아니라 순회 건강검진과도 같다.

현장에 대한 중요성은 아무리 강조해도 부족함이 없다. 매장에서 다이소의 모든 역량이 소비자에게 보여지고 모든 일의 결과가 나온다. 그러니 우리에게 매장은 모든 일의 결정체이자 공연을 펼치는 무대인 것이다. 상품이 생산되는 공장이나 배송되는 물류센터도 매장을 위해 존재하고, 디자인, 품질, 정보, 인사 등 우리가 하는 모든 일이 매장과 고객을 위한 것 아닌가.

아무리 좋은 상품을 기획하고 디자인하고 개발해도,

최고의 물류 시스템을 통해 신속하게 배송해도, 매장에서 고객에게 선택받지 못한다면 아무 소용없는 일이다. 이는 마치 축구경기에서 공격수가 수비수들을 제치고 골문 앞까지 공을 몰고 갔지만 골을 넣지 못하는 것과 같다.

그래서 매장과의 소통이 제일 중요하다. 매장과 원활하게 소통할 때 매출도 발생한다. 인구가 몇 명이고 시장규모가 얼마라는 식의 분석보다 나는 매장을 믿는다. 좋은 매장이 시장을 만들기 때문이다. 거듭 강조해도 부족하다. 고객을 부르는 곳은 매장이므로, 좋은 매장을 만들어내는 것이 곧 기본에 충실한 실력이고, 좋은 매장의 결과가 매출인 것이다.

사실 내가 매장을 자주 찾는 이유가 또 하나 있긴 하다.

"다이소에 오면 정말 재미있는 게 많아."

"와, 이런 상품이 어떻게 1,000원이지?"

내가 회장인지 동네 아저씨인지 알 턱이 없는 젊은 고객들이 이런 얘기를 주고받는 것을 들을 때마다 난 미소를 감출 수가 없다. 골프를 즐기는 것도 아니고 별다른 취미생활도 없는 나로서는 매장을 돌다 이런 얘기를 듣는 것이 유일한 낙이자 취미인 셈이다. 매출이 올라가고 수익이 높아졌다는 말보다 현장에서 고객의 이런 탄성을 듣는 것이

나는 훨씬 더 기쁘다. 그래서 현장을 그토록 자주 찾는지도 모르겠다.

매장은 살아 움직이는 생물이다

옛날 옛적, 중국 송나라에 술을 아주 잘 빚는 사람이 있었다. 많은 이들이 칭송할 정도로 솜씨가 뛰어났지만, 이상하게도 그가 운영하는 술도가에는 사람이 별로 들지 않았다. 그러다 보니 술도 잘 팔리지 않아 상해서 시어지기 일쑤였다. 도대체 이유를 알 수 없었던 그는 술 빚는 과정도 점검하고 술맛도 면밀히 검토했다. 아무리 봐도 술에는 특별한 이상이 없었다. 그러던 어느 날, 대문에 묶인 채 큰 소리로 짖어대는 개를 발견했다.

"혹시 저 녀석 때문에?"

그랬다. 술이 팔리지 않았던 이유는, 바로 집 앞에 묶어 둔 '사나운 개' 때문이었다. 개가 사나우니 사람들은 무서워서 가게에 들어올 수 없었고, 손님이 안 찾아오니 술이 팔리지 않았던 것이다. 그래서 '개가 사나우면 술이 시어진다'는 뜻의 구맹주산(狗猛酒酸)이라는 고사성어가 나왔다. 이는 《한비자》에 나오는 이야기인데, 간신배가 있으면 나라에 어진 신하가 모이지 않는다는 것을 비유적으로 표현한 것이다. 그런데 이 이야기가 비단 정치에만 국한된 것일까. 매장 관리도 마찬가지란 생각이 들었다.

매장에서 사나운 개를 내쫓아라

혹시 우리 매장에도 '사나운 개'가 숨어 있는 것은 아닐까? 과연 '사나운 개'는 누구일까? 다이소를 찾는 이들에게 자주 듣는 이야기 중 하나가 매장 직원들이 몹시 바빠 보인다는 것이다. 그도 그럴 것이 다이소는 상품 회전율이 워낙 빨라 매장 직원들은 온종일 상품 채워 넣기에도 바쁘다. 고객들 얼굴 한 번 쳐다볼 시간이 없다. 고객이 상품에 관해 묻고 싶어도 점원이 진열에만 집중하고 있다면? 굳은 표정 때문에 말 한마디 붙이기 힘들다면? 그들이 고객에게는 '사나운 개'로 비칠지 모른다.

누구를 위한 진열인가? 무엇을 위한 정돈인가? 아무리 좋은 상품을 잘 진열하고 매장을 잘 꾸며놔도 고객으로부터 외면당한다면? 그래서 피크타임에는 진열 일을 잠시 멈추고 고객 응대에 집중하도록 했다.

매장에 들어온 구매 고객이라면 누구나 반드시 거쳐야 하는 곳이 바로 계산대이다. 상품을 많이 사든 적게 사든 상관없다. 엄밀한 의미에서 계산대를 통과하는 사람들이 진짜 고객이라고 할 수 있다. 그런 면에서 고객 접점 가운데 가장 중요한 곳이 바로 계산대이다. 그런데 마침 그날따라 계산원이 아침부터 속상한 일이 있었다. 그래서 짜증으로 폭발할 것 같은 표정을 짓고 있다면 어떨까? 고객은 돈을 주고 물건을 사면서도 괜히 눈치를 보거나 부담스러울 것이다.

점원이 누구냐에 따라 고객 서비스에 편차가 생기면 안 된다. 기분에 따라, 사람에 따라, 날씨에 따라 직원의 마인드가 달라져서도 안 된다. 매뉴얼을 기본으로 습득해 몸에서 배어 나오도록 해야 한다. 알고 보면 고객에게 불친절한 직원, 무관심한 직원 모두가 손님을 쫓아내고 있는 것이다.

매장 밖에서도 마찬가지다. 다이소 로고를 단 물류배송 차량이 과속과 신호위반을 밥 먹듯이 한다면 그것은 곧 다이소가 난폭 운전을 하는 것과 같다. 세차도 하지 않은 더러운 상태로 도로를 질주한다면 다이소가 지저분한 것과 같다.

그래서 우리는 물류센터에 세차시설을 마련했다. 배송 차량이 오며 가며 시간 날 때마다 무료로 세차할 수 있는 시설이다. 차를 깨끗이 닦아 청결하게 관리해달라는 의미다. 설사 개인차주 소유의 지입차라 해도 다이소 브랜드를 달고 다니는 동안은 다이소의 얼굴이기 때문이다.

일을 잘 못 하면 물어보고 배우면 된다. 하지만 주인 의식이 없으면 곤란하다. 다이소라는 브랜드를 가슴에 달고 있는 직원 한 명 한 명이 스스로 회사의 주인이라는 생각으로 일하지 않으면, 결국 누군가는 술도가 앞에서 손님을 내쫓던 사나운 개가 되고 말 것이다.

매장을 매일 갈고닦아라

소매의 기본이 뭘까? 당연히 고객을 오게 만드는 것이다. 한번 온 고객이 다시 온다는 보장은 없다. 다시 오게 만드는 것이 매장운영의 기본이자 핵심이다. 고객의 마음은 늘 변한다. 쉽게 질린다. 매장과 상품에 변화가 없는데, 어제 왔던 고객이 왜 또 오겠는가? 어쩌면 소매업은 고객이 느끼는 '싫증'과의 싸움이다. 고객을 불편하게 해서도 안 되지만 싫증 나게 해서도 안 된다. 그러기 위해서 매장은 늘 생동감과 활력이 넘쳐야 한다. 생물처럼 살아 움직여야지 웅덩이처럼 고여 있으면 고객이 먼저 안다.

같은 매장이라도 어제와 오늘이 달라야 한다. 새로운 즐거움과 가치를 느낄 수 있는 상품을 지속해서 넣어주는 것은 기본이다. 같은 상품일지라도 매일 조금씩 연출과 진열을 바꿔줘야 한다. 상품구성을 자주 바꿔주고, 안 되면 매대에 진열된 상품의 위치만 바꿔줘도 매출은 달라진다.

이것이 바로 내가 '매장을 매일 갈고닦으라'고 강조하는 것이다. 갈고닦지 않은 매장에는 절대로 고객이 오지 않는다. 아무리 비용을 많이 들여 인테리어를 고급스럽게 꾸며놓은들 기본이 안 된 매장은 고객도 외면한다.

고객이 자주 가고 싶은 매장은 상품진열과 정리정돈, 서비스 등 기본이 잘 지켜지는 매장이다. 기본을 지키면 쉽지만, 그 기본을 알고도 실행하지 못하면 어려운 것이 바로 소매업이다. 예를 들어, 매장 청소나 정리정돈 같은 일들이 얼핏 단순노동 같아 보이지만, 그 일이 고객에게 기쁨을 주는 일이라면 얘기가 달라진다. 고객이 우리 매장에서 가격 대비 2배 이상의 가치를 구매할 수 있도록 쾌적한 환경을 만들어주는 일이라면, 반복적인 단순노동이 아니라 고객가치를 창조하는 일이 된다.

매장을 갈고닦는 일이 얼핏 간단하고 단순해 보이겠지만, 열정과 열의 그리고 균일가 소매에 관한 가치관과 철학이 없으면 쉽게 실행할 수 없는 일이기도 하다. 못하면 티가 확 나지만, 잘해도 크게 칭찬받지 않는 일을 매일 묵묵히 한다는 것은 정말 쉬운 일이 아니다.

항아리에 금이 가면 아무리 물을 가득 채우려 해도 금이 난 곳 아래까지만 물이 찬다. 혹여 그 금이 바닥에라도 나 있으면 아무리 물을 갖다 부어도 다 빠져나가고 만다. 매장 관리도 마찬가지다. 기본이 지켜지지 않으면 딱 그만큼이 그 매장의 수준이다. 고객이 고스란히 느낀다.

'관리'란 이처럼 구성원 한 명 한 명이 기본을 지키는 것이다. 모든 사람이 열심히 제 역할을 다하고 있는데 혼자 항아리에 난 금과 같은 자세로 일해서는 안 될 것이다.

당연한 것을 꾸준하게 반복하는 것이 '기본'

어느 날이었다. 매장 순회를 한 후에 한 직원이 다가오더니 조심스럽게 물었다.

"회장님, 기본에 충실한 것이 무엇인가요? 기본이라는 말을 너무나 많이 들어왔지만, 회장님께서 강조하시는 그 '기본'은 좀 다른 것 같습니다."

회장이라는 위치에 있긴 하지만 아성다이소가 나를 위해 존재하는 것도 아니고 직원을 위해 존재하는 것도 아니다. 아성다이소는 고객을 위해 존재한다. 이것이 가장 기본이다. 그러니 '기본이 무엇인가?'에 대한 해답도 고객으로부터 출발해야 한다.

밝고 쾌적한 매장 환경과 편리한 동선, 보기 좋게 진열된 상품, 직원들의 친절함 등이 모두 고객의 만족을 위해 존재한다. 일의 핵심은 고객이다. 매장 직원이든 회장이든 자기 본위로 생각해서는 안 된다. 일할 때만큼은 고객

중심으로 생각하고 실천해야 한다. 내가 말하는 기본이란 이처럼 당연한 것을 꾸준히 반복하는 것, 매일을 갈고닦는 것이다. 철두철미하게 실천해서 쌓아가는 것이다. 이러한 매일의 작은 노력이 쌓여 커다란 성과가 된다. 1년이면 365번의 기회가 있고, 그것은 우리가 가진 총알의 개수이기도 하다. 한 발 한 발 최선을 다해 원하는 목표에 명중시키겠다는 생각으로 충실하면 된다. 1,000원짜리든 5,000원짜리든, 우리가 다루는 상품 하나하나에 집중하면 된다.

그러한 매일의 작은 변화가 큰 변화를 가져오고, 습관이 쌓여 운명이 된다. 감히 자신 있게 말할 수 있는 것은, 원자(原子)와 같은 작은 성실함이 내 가난한 운명을 바꿨다는 것이다.

보이지 않는 상품이 어떻게 팔릴까?

얼마 전 본사에서 회의를 하다 직원 한 사람에게 불쑥 질문을 던졌다.

"장사가 어려운가, 쉬운가?"

그 직원은 한참을 고민하다 간신히 입을 열었다

"… 어렵습니다."

많은 사람이 장사를 참 어렵게 생각한다. 하지만 세상에 있는 수많은 어렵고 힘든 일에 비하면 장사가 더 어려운 것만도 아니다. 특별한 기술이나 자격 없이도 할 수 있다. 성실함과 건강한 체력만 있으면 말이다. 나는 그 대답을 듣고 다시 물었다.

"장사가 어렵다면 자넨 무슨 일을 할 수 있나? 전기 수리를 할 수 있나? 교사 자격증이 있어 학교 선생님이 될 수 있나? 아니면 덩치가 좋고 힘이 세서 몸으로 하는 노동을 할 수 있나?"

"…"

직원은 아무 대답도 못 한 채 곤혹스러운 표정만 짓고 있었다. 나는 다시 질문을 던졌다.

"장사가 어려운가? 쉬운가?"

직원은 머뭇거리다 마지못한 표정으로 대답했다.

"… 네, 쉽습니다."

"장사가 그렇게 쉬운데 왜 실적을 그것밖에 내지 못하나?"

장사가 어렵지 않다고 말했지만 쉽다고도 말할 수 없다. 장사를 하는 것은 쉽지만, 잘하는 것은 어렵다. 장사를 하면 반드시 실적을 내야 하기 때문이다. 다른 매장들과 치열하게 경쟁해야 하고 또 현재에 머무르지 않고 매년 성장해야 한다.

그냥 아무 생각 없이 상품을 팔기 위해 하는 장사는 장사가 아니다. 장사에도 혼이 들어가 있어야 한다. 혼이 없이 껍데기만 있어서는 판매를 제대로 할 수 없다. 그래서 장사가 쉽고도 어려운 것이다. 쉽다고 생각하면 쉽지만 어렵다고 생각하면 한없이 어렵다. 쉽다고 방심하면 어렵게 다가오지만, 어렵다고 생각하고 고민하고 또 고민하면 또 쉽게 풀릴 수도 있다.

같은 말을 계속 반복하는 것 같지만 백번 천번 물어도 내 대답은 늘 똑같다. 이처럼 같은 말을 백번 천번 똑같이 반복할 수밖에 없는 것, 그것이 기본이다.

장사란, 누구나 할 수 있다. 그러나 게으르면 할 수가 없다. 당연한 것을 꾸준하고 철두철미하게 해나가는 것이 중요하다. 일확천금을 꿈꾸는 것이 아니라 기본을 확실하게 실천하는 일이다. 일 자체는 어렵지 않다. 장사가 어려운 것은 기본을 실행하지 못하기 때문이다.

고객은 구매를 통해 매출로 답한다. 그러기 위해선 팔고 싶은 마음으로 상품을 진열하고, 남보다 먼저 출근해 매일 정리정돈하며 청결과 같은 기본적인 일이 몸에 체화되어야 한다. 그것이 고객을 붙잡는 일이고 매출을 늘리는 실력이다. **매출은 기본 틀에서 나온다. 기본이 망가지면 매출도 망가진다. 좋은 매장을 만들어내는 것이 곧 실력이고,**

고객이 얼마만큼 신뢰하느냐에 대한 결과가 매출이다.

또 의지가 중요하다. 열정이 로켓의 추진체라면 로켓을 목표지점으로 데려다주는 것은 의지이기 때문이다. 목표는 달성하라고 있는 것이다. 열심히 하는 것만으로는 안 된다. 극복한 사람은 이겨냈기 때문에 또 이겨낼 수 있다는 의지와 습관이 생긴다. 어려운 것을 일로 풀어가는 자세를 가져야 한다. 의지를 가지고 기본을 꾸준히 실천하는 것. 장사, 즉 우리 매장의 영업은 바로 그 지점에서 출발한다.

상품은 진열하는 것이 아니라 표현하는 것

매장에서 고객들이 사가는 상품을 볼 때마다 참 신기하다는 생각이 든다. 그 수많은 상품 중 원가 비중이 높은 상품들을 어쩜 그렇게 잘 알아보고 골라가시는지…. 앞에서도 말했지만, 똑같은 1,000원짜리 상품이라도 원가는 조금씩 다르다. 500원에 매입해서 1,000원에 파는 상품이 있는가 하면, 마진이 거의 없는 상품도 있다. 고객들이 복잡한 원가구조까지 알 리 없겠지만, 원가가 높은 제품들이 희한하게 잘 팔린다.

고객들은 좋은 상품을 본능적으로 아는 것이다. 인기가 많은 상품은 그 가격보다 가치가 높다는 것을 의미한다. 이처럼 고객들이 그 상품의 가치를 알아차릴 수 있다는 것은, 제대로 된 상품을 개발했다는 의미이기도 하다.

오픈한 지 얼마 안 된 어느 매장을 방문했을 때의 일이다. 폴리레진 소재로 만든 인테리어 소품 진열대를 보고 화가 머리끝까지 치솟아 담당자에게 호통을 친 적이 있다.

단단한 소재에 부드러움과 매끄러움을 겸비한 이 소품은 따로따로 놓았을 때는 그 진가가 보이지 않는다. 여러 가지 상황을 연출해주어야 상품이 서로 시너지를 내며 돋보이고, 매장 인테리어 효과도 누릴 수 있다. 하지만 내가 방문했던 매장에서는 그 상품이 상자 안에 고스란히 담긴 채 종류별로 그저 포개져 있었다.

'아, 이렇게 해서는 매력이 드러나지 않는데…'

상품을 판매하려는 의지가 없는 것인가 하는 의심이 들 만큼 화가 나고 속상했다. 매장은 창고가 아니다. 상품을 번호순으로 정렬해두는 공간도 아니다. 그렇게 해서는 고객이 무슨 상품인지 알 수도 없을뿐더러 어떻게 활용하는지도 알 수 없다. 그냥 봐도 알 수 있는 상품이 있는가 하면 아무리 봐도 어떻게 쓰는 것인지 이해가 가지 않는 상품도 있다. 이해가 잘 안 되는 상품은 사용법이나 활용법을 연출해 보여주어야 한다. 그냥 아무렇게나 쌓아두고서는 고객의 눈길조차 받지 못한다. 그런데 어떻게 팔리기를 기대한단 말인가.

어떤 용도의 상품인지, 그렇다면 어떻게 팔아야 할지를 전혀 생각지 않고 기계적으로, 수동적으로 일하는 담당자의 업무태도에 화가 났던 것이다.

상품은 진열하는 것이 아니라 표현하는 것이다. 상품을 표현하려면 상품을 알아야 한다. 표현이 안 된 상품은 고객의 눈에 절대 띌 수 없고, 고객의 눈에 보이지 않는 상품은 절대 팔릴 수 없다. 상품 하나하나 고객이 잘 알아볼 수 있도록 표현이 되어야 한다. 매장에서 상품이 잘 표현되어야만 개발자의 의도나 그 상품의 진가가 비로소 드러나기 때문이다.

안 팔리는 것이 아니라 못 파는 것이다

MD는 상품을 개발할 때마다 엄청난 고민을 한다. 허투루 만드는 상품은 단 하나도 없다. 여러 단계를 거쳐 어렵게 상품을 개발한다 해도 또 4단계의 품질검사가 기다리고 있다. 상품 하나하나, 한 발 떼기가 이렇게 어려운 것이다.

그렇게 인고의 시간을 거쳐 나온 상품인데 매장 한구석에 먼지를 뒤집어쓴 채 자리만 차지하고 있다면, 분명 어딘가에 문제가 있다는 뜻이다. 잘못 만들었거나, 잘 못 팔거나. 기능이나 용도가 고객에게 전달되지 않거나…. 거기에는 매장 담당자의 무관심과 무성의도 일조하고 있을 것이다.

저회전 상품은 안 팔리는 상품이 아니라 못 파는 상품일 뿐이다. **가만히 앉아서 잘 팔려나가는 상품을 쳐다보는 것이 소매업은 아니다. 소매업의 본질은 잘 팔리지 않는 상품을 잘 팔리도록 만드는 것이다.** 잘 팔리게 만드는 방법이 뭘까?

여러 가지가 있겠지만, 쉬운 예로 같은 자리에 오래 놔둔 상품을 위치만 바꿔주어도 매출이 바뀐다. 똑같은 상품도 깊이 고민하고 노력해서 표현하면 고객은 알아보게 되어 있다.

　너무나 당연한 말이지만, 보이지 않는 상품은 팔릴 수가 없다. 팔리지 않는 상품이 많다는 것은, 단순히 그 상품 하나하나가 안 팔리는 것으로 끝이 아니다. 고객이 매력 있는 상품을 살 수 있는 기회를 없애버린 것이다.

다섯 번의 거절

"가맹점 좀 꼭 내게 해주십시오."

장사가 잘된다는 소문이 나면서 가맹점을 열어달라는 요청이 여기저기서 들어왔다. 초창기부터 직영점과 가맹점을 함께 운영해왔지만, 가맹점 사업을 적극적으로 하지는 않았다. 다른 프랜차이즈 본사와 비교해본다면 가맹점을 내는 데 오히려 인색한 편이었다. 출점하고자 하는 입지에 대해서도 내부적으로 꼼꼼하게 분석한 후 부적절하다고 생각되면 가맹점 신청을 반려했다.

어느 날, 한 40대 남성이 회사에 찾아왔다. 보험회사 영업사원으로 일했던 그는 다이소 가맹점을 해보고 싶다고 했다. 나름의 경험과 지식을 총동원해 매장 후보 지역을 정한 다음 본사에 상권 분석을 의뢰했다. 하지만 우리의 답은 '노(No)'였다. 상권을 분석해보니 성공 가능성이 낮았기 때문이다.

그러자 그는 며칠 후에 새로운 입지 후보를 들고 왔다. 하지만 결과는 마찬가지였다. 그 입지 역시 가맹점을 내기에 부적절했다. 그렇게 한 달 동안 들고 온 입지가 다섯 곳이나 되었다. 하지만 안타깝게도 다섯 곳 모두 가맹점 신청을 반려했다. 돈을 내고 사업을 하겠다는 데도 계속 안 된다고 하니 본인은 얼마나 답답했을까.

하지만 유통업에서 입지는 너무나 결정적인 이슈다. 시작이 잘못되면 아무리 좋은 상품을 가지고 있어도 좋은 결과를 얻기 힘들다. 돈을 싸들고 찾아와도 무턱대고 매장을 내줄 수는 없는 일이다. 서로가 불행해지는 일이기 때문이다.

한 사람의 인생이 달렸다

기업은 개인보다 위험에 덜 취약한 편이다. 수백 개

의 점포 가운데 한두 매장에 실패한다 해도 다른 매장을 통해 충분히 만회할 기회가 있다. 하지만 개인은 다르다. 평생 모은 전 재산을 들고 와 가맹점을 시작했다가 만에 하나라도 잘못된다면 그 실패를 만회하기 어렵다. 그것은 곧 그 사람이 가진 전부를 잃는 일이며, 한 사람의 인생이 망가지는 일이 될 수 있다. 평생 직장생활을 해 모은 퇴직금으로 새로운 사업에 뛰어들었다가 쫄딱 망해 무일푼이 된 사람들을 우리 주변에서 얼마나 많이 봐왔는가. 그러다 보니 가맹점 하나를 내주는 데도 신중하지 않을 수 없었다.

비싼 상권에 대형매장을 가맹점으로 운영하고 싶어 하는 사람들도 간혹 있었지만 이런 경우 역시 점포를 내주지 않았다. 점주가 지나치게 많은 투자를 하면 그만큼 실패에 대한 부담이 커지기 때문이다. 경쟁이 치열한 핵심 상권에서는 직영점도 반드시 성공한다고 장담할 수 없다. 나 스스로 확신이 없는 일을 어떻게 남에게 하라고 권할 수 있을까.

회사 차원에서 보면 솔직히 직영점보다 가맹점이 훨씬 편한 것이 사실이다. 직접 투자를 하지 않기 때문에 자금이 들지 않고 설령 실패해도 리스크에 대한 부담이 적다. 매장 인력을 직접 뽑지 않기 때문에 고정비 부담도 없다. 그럼에도 가맹점 사업에 적극적으로 나서지 않았던 데는 이런 이유가 있었던 것이다.

앞뒤 가리지 않고 마구잡이식으로 가맹점을 내주었다면 외형을 확대하는 데는 큰 도움이 되었을지도 모른다. 하지만 장사가 안돼 문을 닫게 되면 결국 부메랑이 되어 돌아온다. 그래서 회사 전체적으로는 손해를 보더라도 가맹점 오픈만큼은 신중에 신중을 기했다. 덕분에 지금도 가맹점 성공률이 매우 높은 편이며 폐점하는 매장도 별로 없다. 그리고 다행스럽게도 이제는 우리 브랜드가 많이 성장해서 어느 정도 자리를 잡았고, 많은 점포에 충분히 상품을 공급할 수 있는 물류시스템도 구축했기 때문에 예전보다 적극적으로 가맹점 유치에 나서고 있다

갈고닦지 않으면 생존할 수 없다

현재 가맹점 수는 500여 개 정도다. 가맹점을 쉽게 열어주지 않았던 또 하나의 이유가 있다. 박리다매 사업에 대한 사람들의 이해 부족 때문이다. 사업의 특성을 제대로 이

해하지 못하면 이 사업에 적응하기 어렵다. 커피숍 프랜차이즈 같은 경우만 해도 가맹점주에게 돌아가는 수익률이 상당히 높은 편이다. 그에 비해 다이소 가맹점은 수익률이 낮다. 밖에서 보면 사람들이 북적거리고 계산대 앞에도 늘 줄을 서 있으니 떼돈을 벌겠구나 하고 생각할지 모르지만 1,000원짜리 100개 팔아야 매출이 10만 원에 불과하다. 거기서 관리비, 인건비를 빼고 나면 남는 것이 별로 없다. 이런 부분에 대한 이해가 부족하면 매장운영을 지속하기 어렵다.

가맹점주 스스로가 소매를 걷어붙이고 부단한 노력으로 매장을 갈고닦아야 한다. 그냥 돈만 투자해놓고 이익을 바라는 자세로는 성공하기 힘들다. 특히 가맹점의 경우 전문인력이나 매장운영 노하우가 부족하기 때문에 직영점에 비해 점포 효율이 떨어진다. 직영점의 경우 나는 수시로 매장에 들러 직원들을 격려도 하고 잘못된 부분에 대해서는 지적도 한다. 직영점이 1,000개에 육박하지만 한 번도 가보지 않은 매장이 없을 정도다. 하지만 아무리 회장이라고 해도 개인 사업자들이 운영하는 매장에 가서 이래라저래라 지적할 수는 없는 노릇이다. 나 같이 닦달하는 사람 없이도 스스로 알아서 해야 하는데 그게 쉽지 않다.

그래서 가맹점을 하고 싶어 하는 사람이 있으면 인근 다이소 매장에 가서 파트타임으로 일도 해보고 직접 쇼핑도 해보면서 더 깊이 고민해보고 오라고 조언한다. 가장 중요한 것은 이 사업에 대한 이해이기 때문이다.

그런데 실제로 파트타이머 사원으로 입사해서 성공적인 가맹점 점주가 된 사람도 있다. 결혼 20년 차였던 한 주부사원의 이야기다. 2011년 A씨는 주부사원으로 입사해 매장에서 일을 하다 보니 자기 매장을 직접 운영해보고 싶다는 꿈을 꾸준히 키워왔다. 그러던 중 일하던 매장의 임대 계약이 만료되어 본사와 협의한 후 그녀가 직접 점포를 맡게 됐다. 자신이 5년 동안 직원으로 일해왔던 매장에서 점주로 새 출발을 하게 된 것이다. 새롭게 점주로 매장을 맡으면서 매출도 기존 점포보다 더욱 신장했다. 매장을 잘 알고 있었고 경험도 풍부했기 때문이다.

다행스럽게도 최근 가맹점 사업을 강화하면서 가맹점 살리기에도 손발을 걷어붙이고 나섰다. 가맹점 매출을 향상시키기 위해 직영점 위주로 시행하던 매장 혁신 프로그램을 가맹점에도 보급하기 시작했다. 시장 트렌드를 반영한 상품 발주법, 효과적인 매장 연출법, 고객 서비스 개선

법 등을 교육하고, 각 가맹점 상황에 따른 혁신활동도 진행하고 있다.

가맹점의 경우 그동안 POS 시스템을 통한 단품 관리가 잘 이루어지지 않았는데 본사 전체의 데이터를 공유해 잘 팔리는 상품을 갖추어놓다 보니 매출이 눈에 띄게 늘었다. 무조건 상품 수를 늘리는 것이 아니라 ABC 분석(재고관리, 품질관리, 상품관리 등에 사용되는 분석법)을 통해 잘 팔리는 상품군 위주로 매출 효율을 늘리는 데 집중했다. 그밖에 연관 상품 진열, 매장 인력 교육 및 고객 서비스 개선 등의 혁신활동을 시행한 후 매출이 30% 이상씩 크게 늘어난 매장들이 나타나기 시작했다.

실제로 기업평가사이트 CEO스코어가 공정위 자료 등을 토대로 분석한 바에 따르면, 다이소 가맹점의 연평균 매출액은 2018년 10억 2,021만 원, 2019년 11억 621만 원, 2020년 12억 7,588만 원으로 매년 증가하고 있는 것으로 나타났다.

사실 고객은 자신이 방문한 곳이 직영점인지 가맹점인지 잘 모른다. 하지만 가맹점에서 불만이나 문제가 생기면 고스란히 본사로 돌아온다. 그러니 가맹점이라고 해서 대충할 수는 없다. 어찌 되었든 직영점만으로는 성장에 한

계가 있고, 나머지 몫은 가맹점들이 해주어야 하니 앞으로 가맹점의 역할이 더욱 중요해질 것이다.

천 원짜리 상품은 있어도
천 원짜리 품질은 없다

우리는 가격이 싼 제품을 팔지만 싸구려를 팔진 않는다. 소비자는 품질이 나쁘면 1,000원도 비싸다고 느끼기 때문이다. 1,000원짜리 상품은 있지만 1,000원짜리 품질은 없다. 싸기 때문에 품질이 나빠도 된다는 이야기는 통하지 않는다. 그런데 제조업체 관계자들은 대량생산 과정에서 불량 하나쯤은 으레 나오는 것으로 생각하고 있었다.

"수만 개 중 하나일 뿐인데요. 이 정도면 불량률이 꽤 낮은 수준입니다."

이것은 어디까지나 제품을 만드는 사람의 입장일 뿐이다. 불량률이 0.1%니 0.2%니 하는 말은 고객에겐 통하지 않는다. 고객에게 불량은 확률의 문제가 아니다. 매장에서 수십만, 수백만 개의 상품을 판매한다 해도 고객이 구매하는 상품은 하나다. **구매한 상품 1개가 불량이면 고객에게는 100% 불량이다. 변명의 여지 없이 그냥 불량인 것이다.**

불량은 확률의 문제가 아니고
타협할 대상도 아니다

고깟 1,000원짜리인데 불량이 좀 있을 수 있는 것 아니냐고 반문할 수 있겠지만 1,000원짜리 상품이기 때문에 더욱 불량이 없어야 한다. 1,000원이기 때문에 품질에 더 신경을 써야 한다. 왜 그럴까?

고객은 고가의 제품에 문제가 생기면 '그럴 수도 있지 뭐…' 하고 오히려 관대해지는 측면이 있다. 그러나 1,000원짜리 상품이 불량이면 "아, 이럴 줄 알았어. 1,000원짜리가 오죽하겠어." 하며 냉소적인 반응을 보인다. 비싼 제품이 불량이면 고쳐서 쓰지만 싼 제품이 불량이면 쓰레기 취급한다. 이는 단순히 불량품 1개의 문제가 아니다. 회사 전체에 대한 신뢰를 무너트리는 일이다.

1,000원짜리 상품 하나를 교환하기 위해 매장에 다시 올 때 고객이 느낄 분노와 불편함을 생각해보라. 상품 가격보다 교환하러 매장에 다시 오는 교통비와 수고가 더 클 것이다. 불량품을 환불하거나 교환하러 오는 고객을 더욱 정성스럽게 모셔야 하는 이유도 바로 그 때문이다. 다이소 매장은 계산대 1곳을 늘 비워둔다. 교환, 환불 고객을 위해서다. 제품을 사기 위해서는 계산대 앞에서 줄을 설 수 있지만, 불량품을 교환하거나 환불받기 위한 고객을 줄 세워서는 안 된다는 생각 때문이다.

전국에 매장을 1,000호점 정도 오픈했을 즈음이다. 일명 '똥퍼프' 사건이 터졌다. '똥퍼프'는 조롱박 모양의 동그란 화장 퍼프로, 당시 유사제품이 2~3만 원대였던 것에 비해 우리 상품은 2,000원밖에 하지 않아 인기몰이를 하고 있었다. 다이소 대표 '가성비 갑(甲) 상품'으로 SNS 등에 소문이 나면서 한 해에만 28만 개가 팔려나갈 정도였다.

그런데 그만 문제가 생기고 말았다. 똥퍼프에서 바늘이 나왔다며 온라인 커뮤니티에 사진이 올라온 것이다. 물론 상품을 판매하기 전에 검침기로 이물질 여부를 검사하지만, 바늘이 들어간 것을 미처 잡아내지 못했던 것이다. 사과문을 게재한 후 남아 있는 상품을 전량 회수하고 단종시켰다.

우리에게는 100만 개 중 하나지만, 그 상품을 산 고객에게는 100% 불량이다. 우리로서는 여러 케이스 중 하나이고 어쩌다 일어난 일이지만 고객한테는 치명적이고 결정적인 불량인 것이다. 불량품 1개를 팔면 단지 1,000원의 손해를 보는 것이 아니다. 1명의 고객을 놓치는 것뿐만 아니라 10명의 고객에게 파급된다. 싸고 좋은 상품이란 소문이 나는 데는 오랜 시간이 걸리지만 싼 게 비지떡이라는 소문은 순식간에 퍼진다.

물론 사람이 하는 일이고 여러 공정상의 문제로 100% 양품만 나올 수는 없다. 하지만 공장에서 불량품이 나온다고 해서 고객에게까지 그대로 불량품을 전달해도 되는 것은 아니다. 가격 대비 가치가 낮거나 불량이 잦으면 고객은 다시는 매장을 찾지 않는다. 이처럼 무서운 형벌이 어디 있겠는가.

그래서 불량은 사지도 않고 팔지도 말아야 한다. 협력업체가 불량을 만들지 않도록 철저히 관리하고 매장에 유입되지 않도록 해야 한다. 혹여 불량품이 들어왔더라도 철저히 검사해 고객에게는 절대 팔리지 않도록 관리해야 한다.

품질은 만들어가는 것이지 저절로 만들어지는 것이 아니다

사실 10여 년 전까지만 해도 품질관리를 제대로 못 한 채 앞만 보고 달려왔다. 협력업체가 1,000원이란 가격을 맞춰주는 것만으로도 감사했다. 저렴한 가격에 차마 품질까지 요구할 수가 없었다. 그러다 박리다매로 규모가 커지고 원가경쟁력이 생기면서 품질을 요구할 수 있게 되었고 업체들도 수용할 수 있게 되었다. 난 2018년 품질관리 체계가 제2의 도약이라고 선포했다. 앞으로 30년을 위해서는 기대를 뛰어넘는 고품질의 상품을 만들어야 한다.

"고객이 더 이상 봐주지 않는 부분은 품질이다!"
"품질이 바로 우리 미래 먹거리다!"

품질에 대해서는 절대 양보하지 않는 강경책을 쓸 수밖에 없다고 생각했다. 그래서 외부 인재를 영입해 TQC(Total Quality Control) 본부를 만들었다. 아무리 전수검사를 한다 해도 불량을 완벽하게 찾아낼 수는 없다. 전수검사에도 에러가 발생하기 때문이다. 그러니 품질은 공정단계에서부터 불량이 만들어지지 않도록 '사전'에 관리해야 한다.

처음부터 업체가 불량을 만들지 않도록 선행관리 하고, 불량품이 유입되지 않도록 관리한다. 유입되었을 때는 고객에게 팔리지 않도록 관리하는 체계적이고 과학적인 시스템을 구축했다. 발주단계, 생산단계, 출하단계, 입고단계, 판매단계에서 품질을 검증하고 개선하는 Q-게이트(품질 게이트)를 운영하고 있다.

상품이 물류센터에 입고되기 전 협력업체 단계에서 선행 품질관리를 해 불량품이 유입되는 것을 그야말로 원천 봉쇄하고 있는 것이다. 또 품질이 고객에게 전달되는 최후의 관문인 매장에서 매일 아침 매장 담당자들이 '최후의 품질 검사원'이 되어 상품 하나하나를 철저하게 선별해 불량품을 골라내도록 하고 있다.

이전에는 그렇게 골라낸 불량품들은 택배로 본사에

오고, 우리는 그것을 본사 현관에 모아두었다. 본사 직원들도 출근 시에 보고 느끼길 바라는 마음에서다. 불량품에 대한 경각심을 갖고 더 높은 품질을 만들어나가자는 뜻이다.

1,500개 매장에서 하루에 1개씩만 불량이 나와도 매일 1,500개씩 쌓인다. 한 달이면 4만 5,000개다. 그야말로 불량품이 산을 이룬다. 산처럼 쌓인 불량품만큼이나 고객의 불만도 함께 쌓인다. 절대 불량과 타협하지 마라. 불량을 판매하는 것은 고객을 쫓아내는 것과 같다.

우리 균일가 업의 철학은 '하나'를 파는 것이다. 우리는 그 하나가 불량이 되지 않도록 철저히 검사하고 관리해야 한다. 결국 고객에게 전달되는 그 하나를 잘 만드는 것이 중요하다.

'품질'이란 처음부터 올바르게 하는 것

"이제부터 우리의 정체성은 가성비가 아니라 품질이다!"

이런 전사적인 노력으로 TQC 본부를 출범시킨 지 불과 1년여 만에 국제표준인 ISO 9001 인증을 획득했다. 고객이 신뢰할 수 있는 품질관리의 표준과 기본을 갖추게 되었다는 의미였다. 그런데 그 이듬해 부끄럽게도 그만 그 사건이 터져 버린 것이다.

2020년 겨울이었다. 다이소 아기욕조에서 환경호르몬이 검출되었다는 것이다. 소비자보호원이나 국가기술표준원 등 정부 기관이 임의로 제품을 수거해 안전성 여부를 조사한다. 마침 그해에 어린이용품 중 폴리염화비닐, 즉 PVC로 제조한 제품을 테스트했는데 납품업체가 시중에 유통한 아기욕조에서 문제가 발견되었다. 이 아기욕조가 다이소에서도 판매되고 있었던 것이다. 정확히 말하면 아기욕조 본체가 아니라 물빠짐 마개에서 유해물질이 검출된 것이었다.

품질과 안전은 앞단에서 관리하라

맘 카페에서 난리가 났다. 모든 상품이 안전해야 하지만, 특히 유아용이 아닌가? '국민 아기 욕조'라는 닉네임을 얻을 정도로 사랑받는 아이템이었으니 그 파장은 더욱 거셌다. 공중파 TV 아침방송에 보도되면서 일파만파 걷잡을 수 없이 퍼져갔다.

"가소제 들어간 거 몰랐어요?"

기자들이 집요하게 캐물었다. 안전기준을 충족하지 못한 제품인데 어떻게 국가통합인증마크(KC)가 표시될 수 있었느냐는 것이다.

경찰은 제조사와 납품업체를 압수수색했다. 코스

마 아기욕조는 DH공업에서 생산하고 GH산업에서 판매한 제품이었다. 아성다이소는 GH산업으로부터 납품받아 2019년 10월부터 매장에서 판매했다. 최초 입고 당시, 국가공인 시험기관으로부터 가소제의 불검출이 확인된 시험성적서 등으로 안전성과 품질검사결과를 확인했다.

우리는 자체 조사에 들어갔다. 처음에 납품받은 제품은 문제가 없었다. 그런데 추가 제작에 들어가면서 문제가 생긴 듯했다. 제조업체에서 원료 납품업체를 바꾸면서 이때부터 가소제가 들어간 원료를 사용했던 것으로 보였다.

피해를 본 소비자들이 집단분쟁 소송을 신청했다. 소비자원 분쟁조정위원회는 제조업체와 납품업체가 함께 소비자에게 피해보상금을 5만 원씩 지급하는 것으로 결정 내렸다. 아성다이소에 대해서는 책임을 인정하기 어렵다고 보았다. 하지만 도의적인 책임까지 면한 것은 아니다. 고객은 아성다이소를 믿고 제품을 산 것이 아닌가. 우리는 업체가 임의로 원료를 변경하는 것까지는 미처 챙기지 못했다.

품질관리란 불량이 났을 때 잘 대처하는 것이 아니라 아예 불량을 만들지 않는 것이다. 사후관리가 아니라 선행관리다. 처음부터 올바르게 하는 것. 그것이 곧 예방임을 다시 한번 절실하게 깨달은 순간이었다.

관리범위를 벗어나는 변동의 크기만큼 비용이 발생한다. 그야말로 호미로 막을 것을 가래로 막는 셈이다. 숨겨진 비용은 발생한 변동의 크기에 따라 1:10:100의 법칙이 적용된다. 불량을 예로 들면, 불량이 발생하지 않도록 사전에 예방하면 비용은 계획한 대로 1원만 든다. 하지만 불량이 발생하여 조치하게 되면(다시 만들고, 출시일이 늦어지는 등) 원래 계획한 비용의 10배의 비용이 들어간다. 회사로서도 처음부터 철저히 했더라면 발생하지 않을 비용을 지출한 셈이다. 그런데 그 불량품이 고객에게까지 판매된 후라면 리콜, 보상은 물론 법적 분쟁, 브랜드 이미지 실추 등으로 100배 이상의 비용이 든다. 이게 1:10:100의 법칙이다.

눈 위에 글씨를 새기듯

품질은 1%씩 개선되는 것이 아니다. 공정을 개선하면 50%씩 개선되고 의식을 개선하면 100% 개선된다. 마음가짐이라는 것이 이렇게 무섭다. 인식에 따라 그토록 큰 차이를 만드니 말이다. 그래서 먼저 협력업체를 포함한 전 임직원의 '품질의식' 개선이 시급했다.

TQC 본부만의 일로 그치는 것이 아니라 상품, 물류, 매장, 지원 등 전 부문이 '품질'을 자신의 업무로 이해하고 품질을 높이는 데 참여해야 한다. 누구도 예외 없이 품질의식을 뇌에 새겨 손의 감각으로 나오도록 해야 한다.

담설전정(擔雪塡井)이라는 말이 있다. 눈(雪)을 퍼담아 우물을 메운다는 뜻이다. 끝없는 반복과 노력으로 우직하게 밀고 나가는 모습을 표현하는 말로 쓰인다. 눈이 내리는 날 바닥에 새겨진 글씨를 본 적이 있는가. 눈이 쌓이는 중에도 그 글씨를 읽으려면 눈 위에 글자를 되풀이해 새겨 넣어야 한다. 품질도 마찬가지다. 눈 위에 쓰는 글자처럼 반복하고 또 반복하고 개선하고 또 개선하면서 꾸준히 관리할 때 비로소 품질은 만들어지는 것이다.

디자인도 품질이다

2016년 고객만족도 조사에서 다이소는 가성비와 상품구성에 있어서는 소비자의 높은 점수를 받았지만 디자인에서는 아쉽다는 평가를 받았다. 그래서 나는 2016년을 디자인 원년으로 선포했다.

먼저 컬러를 보강했다. 원색에 가까운 톤을 낮추고 트렌디한 컬러를 입혔다. 그렇게 탄생한 첫 작품이 벚꽃을 주요 테마로 기획한 '봄봄 시리즈'였다. 화사한 분홍빛으로 매장을 단장하니 인테리어 효과도 톡톡히 누렸다. 또 그해 여름에는 청량감을 주는 녹색을 토대로 한 인테리어 상품 '보태니컬 시리즈' 60여 종을 선보였다. 2018년에는 바이

올렛 시리즈를 선보였다. 이후 매년 팬톤이 발표하는 '올해의 컬러'를 참고해 트렌디한 디자인 시리즈 제품을 출시하고 있다.

친절한 패키지란 한눈에 알게 해주는 것

다음으로 패키지를 좀 더 직관적으로 디자인했다. 우리 매장에는 상품에 관해 설명해주는 직원이 따로 없다. 그 역할을 하는 것이 바로 패키지다. 그러니 패키지에 상품이 잘 표현되어야 한다. 패키지를 심플하고 고급스럽게 디자인하라는 이야기가 아니다. 핵심정보를 눈에 잘 띄게 표현해주어야 한다는 것이다.

패키지만 봐도 고객이 모양이나 기능, 사용법을 쉽게 알 수 있도록 했다. 실제로 사용하는 모습이 연상되거나, 어떻게 사용하는 것인지를 직관적으로 알게 해주는 것, 그것이 친절한 패키지다.

기존의 극세사 걸레는 투명한 비닐에 포장되어 있어 상품의 재질이나 성능을 직접 확인하기 힘들었다. 그런데 리필용 극세사를 개발하면서 상품의 70%만 포장하는 오픈형 패키지를 만들었다. 고객이 직접 상품을 만져보고 촉감을 느껴보도록 한 것이다. 그러자 기존 월평균 2만여 개 팔리던 것이 5만여 개로 2배 이상 증가했다.

이처럼 패키지는 친절함이 생명이다. 지퍼백 하나라도 사이즈는 어떤지, 어디에 쓰는 건지, 두께는 어떤지, 방수가 되는지를 친절하게 설명해주어야 한다. 고객이 '아, 이런 것까지 세심하게 알려주는구나' 하며 패키지에서 감동을 받을 수 있어야 한다. 이것이 바로 다이소의 '천 원 정신'이다. 다이소의 정신은 거창한 것이 아닌 이처럼 사소하고 작은 것들에서 구현된다.

친절한 패키지를 어떻게 만들까? 먼저 디자이너가 상품을 알고 디자인해야 한다. 용도와 기능, 사용법을 정확하게 알아야 한다. 아무리 멋진 디자인이라도 매장에 진열하기 나쁘면, 나쁜 디자인이다. MD도 상품개발 단계부터 최종 결과물의 용도, 기능, 사용법을 패키지에서 어떻게 표현할지를 미리 구상하고 개발해야 한다. 어떻게 고객에게 알릴까? 그 고민의 해답이 패키지에 담겨야 한다. 그래서 우리는 상품개발부서와 디자인부서가 같은 공간에서 일한다. MD와 디자이너가 팀을 이뤄 상품을 개발하기 때문이다.

가성비, 가심비 뛰어넘는 '체감 품질'을 만들어라

품질이란 무엇인가? 어떤 석학은 '고객 요구조건의 충족 정도'라 하고, 어떤 이는 '용도에 대한 적합성' 또는 '요구에 대한 일치성'이라 정의한다. 내가 생각하는 품질이란 '가성비와 가심비가 모두 충족된 상태'다. 초창기에는 고객의 기대도 그리 크지 않았다. 싼 가격만으로도 어느 정도 만족했다. 그러나 지금은 다르다. 그동안은 가성비로 사주었지만 이제는 달라졌다. 재미, 안전, 친환경, 디자인에 이르기까지 고객의 요구는 점점 더 세세해졌고 다양해졌다.

그러니 이제는 과거의 품질 정도로는 고객의 눈높이를 따라갈 수 없다. 단순히 불량률을 낮추거나 개선하는 정도가 아니라, 고객이 느낄 수 있는 '체감 품질'을 만들어내야 하는 것이다. 패키지 하나에도 고객이 감동할 수 있는 '고객 체감 품질', '고객 감동 품질'을 만들어야 한다.

여러 번 이야기하지만 궁극적으로 우리가 추구하는 품질이란, 가격에 비해 최소한 2배 이상의 가치를 제공하는 것이다. 그래서 한 번 온 고객이 다시 방문하는 것이다.

기업의 유일한 목적은 고객의 만족을 창출하는 것이고 고객을 만족시키는 것이 곧 품질이기 때문이다. 판매품질의 향상이야말로 우리 아성다이소의 지속가능한 원동력이 될 것이기에 말이다.

숯도 한데 모여야 화력이 세진다

품질(品質)이란 단어의 한자를 보며 참 재미있다는 생각을 했다. 품(品) 자는 입이 3개 모여 있다. 이 3개의 입은 각각 누구의 입일까? 내겐 고객, 협력업체, 그리고 우리 아성다이소의 입처럼 보인다. 각자 다른 입으로 다른 목소리를 내지만, 이 목소리가 하나로 모일 때 '품질'은 완성되는 것 아닐까? 품질은 저 혼자 완성되는 것이 아니다. 우리만의 노력으로 만들어지는 것도 아니다. 고객의 요구와 더불어 우리 직원과 협력업체가 함께, 3개의 입이 모두 만족할 때 비로소 품질은 만들어지는 것이다. 그러기 위해선 무엇보다 협력업체와의 상생이 중요하다.

함께 고민하고 함께 뛴다는 마음

수년 전 한 업체가 납품한 플라스틱 물통에 하자가 생겼다. 뚜껑이 파손되는 문제였다. 구매한 고객들의 불만이 속출한 것은 당연했다. 제조업체에 가서 문제의 원인을 함께 추적해 보았다. 개별 공정을 하나하나 검토하다 보니 금형에 미세한 오류가 있다는 사실이 발견되었다. 우리는 그 과정에서 업체와 팀워크를 발휘해 함께 문제를 바로잡고 개선했다. 서로 책임소재를 따지고 싸우며 갈라설 수도 있는 상황이었지만, 오히려 제조업체와 더욱 돈독한 관계를 쌓을 수 있었다.

협력업체가 실수했을 때 거래를 중단하는 것은 가장 손쉬운 해결방법이다. 하지만 근본적인 해결방법은 아니다. 오히려 함께 머리를 맞대고 문제의 핵심을 파악하고 어떻게 개선할지 방법을 찾으며 노력하는 것이 더 본질적인 해결방법이다. 경험을 축적해 재발을 방지할 수 있기 때문이다. 거래선 관리란, 이처럼 어려운 부분을 함께 고민하고 오랫동안 함께 갈 수 있는 협업구도를 만드는 것이다. 만나서 진지하게 상담하고 비즈니스 차원에서 그들의 고민을 들어주는 것이지 밥 먹고 술 마시면서 친분을 쌓는 것이 아니다.

　난 직원들에게 거래처와 식사할 일이 있으면 반드시 우리 회사 부담으로 하라고 당부한다. 물론 거래처가 사주는 밥 한 끼를 먹는다고 해서 무슨 큰일이 나는 것은 아니지만, 그 선이라는 것이 모호하기에 불필요한 오해를 살 수도 있다. 도덕적으로 정직하고 투명한 거래 관계일 때 좋은 상품이 나오기 때문이다.

　균일가를 맞추는 것은 우리 혼자서 할 수 있는 일이 아니다. 제조업체를 무조건 압박한다고 해서 되는 일도 아니고, 으쌰으쌰 하며 의기투합한다고 가격이 낮아지는 것도 아니다. 모든 리스크를 사전에 점검하고 고민하면서 최적의 상품을 기획하고 만들 때만 가능하다. 그러니 제조업체는 함께 문제를 해결해 나가야 할 동료이자 파트너다.

　S홀딩스는 야심 차게 휴대전화 강화유리를 개발했지만 생각보다 시장의 반응이 없어 어려움에 처해 있었다. 한 신문과의 인터뷰에서 대표는 그때의 일을 다음과 같이 회상했다.

　"2014년 휴대전화 강화유리를 개발하고 자신 있었죠. 이제 유통 채널만 확보하면 다 될 것이라고 생각했는데,

2년여 동안 매출이 좋지 않아 엄청 힘들었습니다. 그때 다이소 디자인팀에서 연락이 왔습니다."

우리는 눈길을 끄는 세련되고 트렌디한 패키지 디자인을 지원해주었다. 패키지를 싹 바꾸자 고객들이 폭발적인 관심을 보이기 시작했다. 덕분에 S홀딩스는 전년 대비 5배 이상 매출 신장을 기록했다.

"정말 필요한 지원이었습니다. 특히 마케팅, 디자인 부문의 지원은 인력이나 정보가 부족한 중소기업에 큰 도움이 됩니다."

많은 중소기업이 질 좋은 상품을 생산할 수 있는 기술력이 있음에도 디자인 역량이 떨어져 상품 본연의 가치를 돋보이게 하지 못한다. 이런 중소기업에게 우리 디자인팀은 상품을 더욱 돋보이게 하는 패키지 디자인을 개발해 업체에 무상으로 제공한다.

또 필기구 전문 제조업체인 HKW사는 갑작스러운 화재로 공장의 70%가 소실되어 납품이 어렵게 되었다. 상품을 팔아야 하는 우리로서는 거래를 중단하고 다른 업체를 찾을 수도 있었지만 다른 방식을 찾았다. 그 회사의 품질과 기술력을 믿고 다시 생산할 때까지 기다리며 재기하도록 지원해주었다. 예를 들어 신상품 패키지 디자인이나 일본 균일가 시장 수출 판로를 지원했다. 그 덕분에 이후 10년이 지난 지금도 윈윈 관계를 지속하고 있다.

통 큰 투자와 협업으로 경쟁력을 높이다

우리의 도움을 받은 회사도 있지만 우리를 전적으로 믿고 투자를 아끼지 않은 회사도 있다. 스티커처럼 떼어 쓰는 마스킹테이프는 우리의 히트상품 중 하나다. 일본 출장을 갔다가 마스킹테이프가 유행하는 것을 보고 직접 개발해봐야겠다고 생각했다. 나는 귀국하자마자 우리에게 견출지를 납품하는 업체 대표를 만났다. 당시 월 300만 원 정도 납품하던 조그만 업체였다.

당시 타사 마스킹테이프는 3,000~4,000원 정도의 가격대였다. 나는 그 업체 대표에게 함께 1,000원에 팔 수 있는 테이프를 개발해보자고 제안했다. 내 얘기를 들은 그 회사 대표는 나보다 더 적극적이었다. 설비 자체를 새로 개발해 원가를 최대한 낮춘 것이었다. 덕분에 다이소에서 파는 마스킹테이프는 누구도 따라올 수 없는 경쟁력을 갖게 되었다.

2006년 즈음 우리 MD들과 상품 상담을 마친 업체의 대표가 찾아와 옷걸이, 솔 등의 상품을 제안하기도 했다.

"다이소는 다른 도매점들이랑 달랐습니다. MD들이 젊고 교육도 잘 받은 것 같았습니다. 주먹구구식으로 상담하지 않고, 무게를 저울로 재는 등 원가 구성비와 품질 등을 체계적으로 챙기는 모습에 회사의 미래가 밝게 느껴졌습니다."

그래서 직접 상품을 들고 왔다는 것이었다. 특히 다이소 기흥물류센터 방문했을 때, 벽면에 게시된 내 인터뷰 기사를 읽고 감명받았다는 말도 덧붙였다. 기자가 "회장님, 언제까지 1,000원짜리 상품 파실 수 있어요?"라고 묻는 말에 '영원히 팔 것'이란 답변이 퍽 인상 깊었다는 것이다. 그래서 함께 일해보고 싶다는 생각을 했다고 한다. 그 대표는 우리가 제시한 가격에 맞춰 생산하기 위해 대량생산을 해도 오랫동안 사용할 수 있는 내구성 좋은 기계와 금형을 개발하는 데까지 투자를 아끼지 않았다.

스테디셀러 바구니인 '리빙 메쉬 바구니' 9종도 비슷한 경우다. 이 기업은 당시 1만 개 정도 판매하고, 월 매출 5~6억 정도의 작은 회사였는데 다이소에 납품하기 위해 '리빙 메쉬 바구니'의 생산 설비와 금형 개발에 통 큰 투자를 감행했다. 그뿐 아니다. 다이소와 장기적인 협업을 위해 베트남에 진출해 사출기 35대를 들였다.

이 자리를 빌려 우리 협력업체에 다시 한번 고맙다는 말을 하고 싶다. 이분들의 이런 투자와 노력이 있었기에 오늘의 다이소가 가능했다. 무엇보다 우리의 핵심사명을 이해해주고 금형, 설비 등 본질적인 것에 과감히 투자함으로써 서로 상생하는 관계가 될 수 있었다고 생각한다. 어쩌면 이분들이야말로 국민가게 다이소를 든든히 받쳐주는 디딤돌이 되어주었다고 생각한다.

M&A를 하지 않는 이유

다이소도 이런 협력업체들을 위해 몇 가지 노력을 기울이고 있다. 우리 상품이 저가이다 보니 대부분 중국산일 것이라고 생각하는 이들이 많지만 사실은 국내 협력업체 제품이 다이소 전체 매출에서 70%를 차지한다. 2007년까지만 해도 국내 중소기업 상품이 50% 정도였는데, 2017년에는 70%까지 상승했다. 2017년 기준으로 업체당 연평균 거래 금액도 같은 기간 1억 7,000만 원에서 10억 1,000만 원으로 6배가량 늘었다. 다이소가 성장할수록 국내 중소기업도 동반 성장하는 구조다.

신상품을 개발할 때도 먼저 국내 업체 중에서 생산이 가능한 곳이 있는지를 타진한다. 솔직히 마진만 고려한다면 인건비가 저렴한 해외 생산기지가 훨씬 유리하겠지만, 먼저 국내 생산이 가능한지를 살핀 후에 어려울 때만 해외에 눈을 돌린다.

다이소와 함께하는 협력업체에는 수십만 개에서 수백만 개 단위로 대량 발주하는 상품들이 많다. 어느 거래처보다 많은 물량을 구매해주고 업체에 꼬박꼬박 현금으로 결제해준다. 현금결제는 창업 초창기부터 변함없이 지켜온 거래원칙이다. 낮은 구매단가를 보장받는 대신 100% 현금결제, 대량주문, 장기간 거래 등 협력업체와 신용에 기반한 거래를 하고 있다.

또 우리는 M&A를 하지 않는다. 전문화된 벤더업체들로부터 가장 경쟁력 있는 상품을 공급받을 수 있어 상품에 더 집중할 수 있기 때문이기도 하지만 협력업체를 보호한다는 측면도 있다. 보호라는 말이 좀 거창하지만, 협력업체와 함께 성장하고 싶은 마음 때문이다. 우리가 거래하는 국내 제조업체만 900개가 넘는다. 이런 고마운 중소기업들과 상생할 길을 모색하는 것이 나의 사회적 책임이라고 생각한다. 크고 작은 나무들이 함께 숲을 이루듯이 수많은 중소기업과 함께 성장해나가며 산업 전체를 일으키는 것이 국가 경제에도 기여하는 일이라 생각한다.

협력업체 중 많은 기업이 우리를 교두보 삼아 일본 균일가 시장에 진출하기도 했다. 조춘한 경기과학기술대 교수는 "다이소는 거래하는 중소 제조업체에 국내 생산의 존립 기반을 마련하는 동시에 수출의 기회도 제공해 유통과 제조의 바람직한 상생 모델"이라고 밝힌 바 있다.

아프리카 속담에 '빨리 가려면 혼자 가고 멀리 가려면 함께 가라'는 말이 있다. 협력업체 역시 갑과 을의 관계가 아니라 윈윈 관계일 때, 상생의 관계일 때 오래 멀리 함께 갈 수 있다. 함께 오랫동안 일할 수 있는 협업구조를 잘 갖추고 윈윈하는 관계가 되는 것, 이것이 품질이 좋은 상품을 고객에게 오래도록 제공할 수 있는 비법이기도 하다.

일이란 챙기는 만큼 결과가 나온다

2022년 8월 8일. 시간당 강수량이 기상관측 이후 115년 만에 최고치를 기록했다고 한다. 퇴근할 때만 해도 그렇게 많은 폭우가 쏟아질 줄은 미처 예상치 못한 터였다. 철근만 한 굵기의 비가 보도블록을 뚫을 기세로 쏟아지자 덜컥 걱정이 앞섰다. 지하나 낮은 지역에 위치한 매장들이 침수되지 않을까. 그런데 이런 생각을 나만 한 것은 아닌 모양이었다.

폭우가 그치지 않자 매장을 관리하는 직원들이 하나둘 속속 자신이 관리하는 매장으로 돌아왔다는 것이다. 퇴근하다 돌아온 직원, 귀가했다가 12시, 새벽 3시에 매장으로 나왔다는 직원 등…. 늦은 밤 주부사원들을 부를 수도 없어 혼자 모래주머니로 막고 물도 퍼냈다는 것이었다. 그래서 다음 날 매장을 무사히 열 수 있었다고 했다. 그 보고를 받으면서 가슴이 뜨거워졌다. 누가 시킨 것도 아닌데 어떻게 그렇게 할 수 있을까. 일에 애정이 없었다면 과연 그렇게 할 수 있을까.

관심을 갖고 열정으로 풀어라

일이라는 게 끝이 없다. 아는 만큼 보이고 고민하는 만큼 이루어진다. 챙기는 만큼 챙겨진다. 챙겨지는 만큼 결과가 나오고, 챙기지 못한 만큼 문제가 발생한다. 그러니 누가 무엇을 어디까지 챙기느냐에 따라 결과가 달라질 수밖에 없다.

관심을 가지면 마음이 달라진다. 마음이 달라지면 방법도 찾아진다. 일도 그렇다. 시켜서 하거나 마지못해 하는 것이 아니라 스스로 찾아서 하게 된다. 이 단계를 넘어가면 일에 미친 사람이 된다. 일에 미친 사람들, 집중호우가 쏟아진 그 날 다시 매장으로 발걸음을 돌린 파트장, 지역장, 부문장들처럼 말이다. 그들이 바로 다이소의 관리자들이다.

일반적으로 직원을 채용할 때 스펙을 주로 본다. 좋든 싫든 인재를 객관적으로 평가할 수 있는 최소한의 기준이 되기 때문이다. 하지만 우리는 스펙보다 열정을 더 중시한다. 열렬한 애정을 가지고 그 대상에 열중하다 보면 자신도 몰랐던 잠재력이 나온다. 열정은 내 안에 잠들어 있던 거인을 깨운다. 그래서 열정이 있으면 일을 잘할 수밖에 없다. 당장은 부족해도 충분히 좋아질 수 있다.

하지만 아무리 스펙이 좋고 어학점수가 높아도 열정이 없으면 연료가 떨어져 가는 엔진처럼 추력을 잃어간다. 조직 내에서도 물 위에 뜬 기름처럼 섞이지 못하고 둥둥 떠다니는 존재가 된다. 개인의 능력이 부족해서가 아니라 조직에 잘 맞지 않는 것이다. 그런 이들은 조직에 뿌리내리기 어렵다.

우리 회사는 채용할 때 면접시험에 앞서 지원자들에게 3개 이상의 매장을 돌아보고 장단점을 서술하라는 과제를 준다. 지원자들이 제출한 리포트를 보면 그 사람이 보인다. 얼마나 열정이 있는지. 관심과 열정이 있으면 깊이 들여다볼 수 있다. 하지만 관심이 없으면 그저 겉모습만 피상적으로 훑을 뿐이다.

신입사원을 뽑을 때도 최종면접은 반드시 내가 참석한다. 그리고 꼭 물어보는 것이 있다.

"일에 대한 본인의 의지와 생각을 한번 말해보세요."

이 질문을 통해 우리 일에 대한 지원자의 관심과 열정을 확인하고 싶은 것이다.

간절함과 열정의 차이가 있을 뿐

세상이 많이 바뀌었다고는 하지만 여전히 우리 사회에서 여성의 취업문이 좁은 것은 사실이다. 특히 출산, 육아 등으로 경력이 단절된 경우 재취업은 더욱 어렵다. 그러나 우리는 매장의 주부사원 덕분에 돌아가는 회사라고 해도 과언이 아니다. 물론 그분들도 '스펙보다 관심과 열정'이라는 인재 선발 기준을 그대로 적용해 학벌이나 나이에 제한을 두지 않고 능력을 바탕으로 채용하고 있다. 특히 이분들은 생활용품을 잘 알고 아이디어가 많을 뿐만 아니라 몸에 밴 정리와 관리의 습관이 매장업무와 잘 맞다. 현재 매장 직원의 95%가 여성 직원이며 이 가운데 30~50대 경력단절 여성의 비중이 93%(2022년 기준)이다. 직영점 점장도 99%가 여성이다.

　실제로 의정부 민락점 점장은 다이소 매장에 손님으로 와서 쇼핑을 하던 중 사원모집 광고를 보고 지원했다. 결혼 후 10년간 육아에 전념하느라 사회에서는 '경력단절녀'로 불릴지 모르지만, 우리 매장에서는 그녀의 귀중한 육아 경험, 살림 센스가 유감없이 발휘되었다.

　한 가지 예로 그녀는 계산대 뒤 수선 바구니를 하나 갖다두고 택이 떨어져 나간 상품을 모아두었다. 고리가 떨어진 벨트나 택이 떨어진 양말 같은 것들은 상품에 하자가 있는 것은 아니지만 팔 수는 없다. 그런데 이런 상품들을 수선 바구니에 모아 시간이 날 때마다 틈틈이 고리나 택을 다시 붙였다. 누가 시킨 일도 아닌데 꼼꼼하고 알뜰한 살림 내공에서 우러나온 행동이었던 것이다. 솔직히 나는 그 모습을 보고 감동받았다. 주인의식이 없다면 절대 할 수 없는 일이기 때문이다.

　비록 파트타이머로 시작하더라도 열정적으로 일하는 사람은 확실히 다르다. 그중에서 우수한 사원은 점장으로 발탁되고, 점장 중에서 눈에 띄는 성과를 내면 여러 매장을 관리하는 파트장이 된다. 실제로 현장직원으로 출발해

주요 관리직까지 올라간 사람들이 많다. 일을 잘할 수 있느냐 없느냐는 남이 정하는 게 아니다. 스스로가 그 일에 얼마만큼의 관심과 열의, 열정을 갖고 몰입하느냐에 달려 있을 뿐이다.

열정이란 뭘까? 이처럼 관심과 열렬한 애정을 가지고 열중하는 것이다. 주인의식을 갖는 것이다. 관심을 기울이고 깊이 들여다보고 몰입하는 것이다. 올인하는 것이다. 혹시 어린 시절 돋보기로 햇빛을 모아 종이를 태워본 적이 있으신지. 햇빛이 오롯이 한 지점에 모여야 종이를 태울 수 있다. 한순간에 되는 것은 아니고 온도가 올라갈 때까지 기다려야 한다. 이렇듯 열정은 몰입과 집중을 만나 뜨거운 성과를 낸다. 내가 수많은 사람을 보고 깨달은 것이 있다면, 아주 특출한 소수를 제외하고 우리 같이 평범한 사람들은 능력의 차이가 거의 없을지도 모른다는 것이다. 그저 간절함과 관심, 열정의 차이가 있을 뿐이다.

보이게 일하라

남사허브센터를 완공하고 내부 인테리어가 거의 마무리될 때였다. 오랜만에 현장에 가보니 가운데 긴 복도를 사이에 두고 전부 보이지 않는 가벽과 나무문을 달아놓았다. 사무실도 파티션으로 칸칸이 막아놓았.

"누가 이렇게 벽을 치라고 했나?"

나도 모르게 언성이 높아졌다. 모두 뜯어내라고 했더니 인테리어 담당자는 얼굴이 사색이 되었다. 공사가 거의 마무리 단계라서 어렵다는 것이었다. 그래서 나는 뜯기 어려우면 투명한 유리로라도 바꾸라고 지시했다. 덕분에 작업 기간도 연장되고 비용도 꽤 많이 추가되었다.

내가 그토록 화를 냈던 이유가 뭘까? 우리 일은 '소통과 협력'이 중요하기 때문이다. 혼자 시작해서 혼자 끝나는 일이 없다(다른 어떤 일도 마찬가지겠지만). 앞 공정과 뒤 공정이 긴밀하게 연결되어 있다. 내가 한 일이 옆 사람에게 이어지고 그다음 사람에게 흘러가기 위해서는 무엇보다 일의 연결성이 중요하다.

그런데 안이 보이지 않도록 다 막아놓고 파티션을 쳐놓으면 서로 무슨 일을 하고 있는지 알 수가 없다. 보이게 일해야 누구에게 무슨 문제가 생겼는지, 어떤 도움을 주어야 할지 알 수 있다. MD의 고민을 디자이너가 풀어줄 수 있고, 디자이너에게 MD가 아이디어를 줄 수도 있다. 보이게 일하는 것이야말로 소통과 협력의 시작이다.

그래서 다이소 본사 사무실에는 파티션이 없다. 회장실과 대표이사실 외엔 임원실도 따로 없다. 심지어 회장실 문도 늘 열어놓는다. 한번은 쉬는 날 출근해 내 방에 왔는데 닫혀 있는 문을 열 수가 없었다. 문이 늘 열려 있으니 도어락의 비밀번호도 몰랐던 것이다.

느끼게 일하라

보이게 일하는 것 다음으로 중요한 것은 주변에서 느끼게 일하는 것이다. 주변에서 알지 못하면 서로가 철길처럼 영원히 만날 수 없는 길을 가게 된다. 느끼게 일해야 당신이 무슨 일을 얼마나 잘 해내고 있는지 알 수 있다. 주위 사람들로부터 인정받아야 한다. 그래야 성장할 수 있다. 내가 무슨 일을 하는지 주변에서 느끼지 못한다면, 그 일은 나의 일도 아니고 회사의 일도 아니며 그 누구의 일도 아닌 것이 돼버린다.

지금은 내가 회장실에 들어가 있지만 예전에는 직원들과 사무실을 같이 썼다. 확 트인 공간에서 서로의 눈을 보면서, 서로를 의식하면서 일했다. 솔직히 그런 마음도 있었다. 나는 죽기 살기로 일하고 있으니 직원들도 그만큼 해주길 바라는 마음. 반대로 직원들이 열심히 일하는 것을 나도 알아주고 인정해줘야 한다고 생각했다.

내 경우는 출장이 잦다 보니 사무실을 비우는 날이 많았다. 그러니 만일의 경우 갑자기 무슨 일이 터지면 직원들이 내 일의 공백을 알아서 처리해주었으면 하고 기대고 싶은 마음도 있었다. 주변을 느끼며 일하는 사람은, 이렇게 공백도 알아차리고 스스로 일을 찾아서 처리할 수 있다. 그런 인재가 많은 회사라면 걱정할 것이 없지 않을까? 내가 늘 강조하는 '소통과 협력'이라는 조직문화도 누가 따로 교육하지 않아도 자연스럽게 정착될 것이다. 서로를 보는 것이 소통의 시작이라면, 상대의 일과 고민을 느끼는 것은 협력의 시작인 셈이다.

생각 없이 일하지 마라

"토막 같이 일하지 마라. 영혼 없이 일하지 마라."

나는 이런 말을 자주 한다. 생각이 멈추면 실행할 수 없다. 실행할 수 없으면 개선도 안 된다. 개선이 안 되면 좋은 결과도 나오지 않는다. 이처럼 생각이 있고 없고의 차이가 사소해 보여도 모든 일의 성패를 좌우한다.

1,500여 개 매장에 직원 수만 1만 명이 넘는다. 직원 한 사람 한 사람이 각자 자기 위치에서 일에 대한 뚜렷한 목표의식을 갖고 맡은 일을 하는 것과, 아무 생각 없이 시키는 일만 무의미하게 단순반복 했을 때 나오는 결과의 차이는 엄청나다. 후자와 같은 직원이 많으면 주위 동료들은

물론이고 회사도 힘들어질 수밖에 없다.

문제를 모르면 답도 찾을 수 없다. 무엇이 문제인지 모르는데 어떻게 개선할 수 있다는 것인가? 가장 큰 위험은 현상을 아무 감각 없이 받아들이고 해결책을 찾지 못하는(혹은 찾으려고도 하지 않는) 안일함이다. 아무리 작은 일이라도 내가 왜 이 일을 하는지, 이 일이 다음에 어떤 일로 연결되는지, 이 일의 결과가 다른 일에 어떤 영향을 미치는지를 생각해야 한다. 과거를 공부하고 오늘 최선을 다하면 미래가 보인다.

이유로 답하지 마라

2018년 11월, 서대문 KT 아현지사에 화재가 발생해 인근의 통신이 모두 두절되었다. 언제 복구될지 알 수 없는 상황에서 카드결제는 물론 ATM 인출도 모두 막힌 상황이었다. 마침 토요일이었는데, 아성다이소의 고객관리부가 현장에 출동했다. 우리는 고민 끝에 먼저 매장에서 판매 중인 USB 무선랜 수신기의 재고를 가능한 만큼 확보했다. 그리고 협력업체를 통해 다른 통신사의 무선 네트워크 단말

기를 개통한 후 장애가 발생한 매장으로 퀵 배송을 했다. 각 매장 POS에 무선랜카드를 즉시 설치해 임시로 네트워크를 정상화시켰다. 덕분에 인근의 다이소 매장 15곳에서는 카드결제에 아무 문제가 없었다.

내가 자주 하는 말 중 하나가 "이유를 답으로 말하지 말라"는 것이다. 문제는 늘 일어나기 마련이고, 안 되는 이유 역시 넘치도록 많다. 일을 일로써 풀어내는 것이 바로 위의 경우다. 문제가 생겼을 때 한 번 더 고민하고 풀어낼 수 있는 조직력이 필요하다. 안 되는 일은 포기하고 되는 일만 한다면 목표를 달성할 수 없다. 이유로 답하지 마라. 이유를 대면서 문제가 생긴 순간을 넘어가려고 하지 마라. 이것은 일을 안 하겠다는 말과 같다. **이유가 답이 되는 변명은 아무짝에도 쓸모가 없다. 일의 답은 문제해결이고 성과를 내는 것이기 때문이다.**

관리자의 등가원칙은 권한, 의무, 책임이다. 아성다이소의 관리자라면 이 3가지가 치우침 없이 균형을 이룬 상태에서 사명감을 갖고 결정하고 실행해야 한다. 그러기 위해서는 관리자는 관리틀(frame)을 가져야 한다. 계획해서 실행하고 결과를 체크(평가)하고 개선하여 피드백하는 것.

일회성에 그치는 것이 아니라 각각의 문제에 맞는, 또는 목표에 맞는 저마다의 관리틀을 만들어서 관리해야 한다. 이는 문제가 다른데, 같은 답을 쓰면 안 되는 것과 같은 이치다. 일이란 누가, 무엇을, 언제까지, 어떤 결과를 내겠다는 관리틀로 하는 것이다. 실시간으로, 주기적으로 현상을 분석하고 원인을 파악해 해결해가는 것이 일이다.

게다가 관리자는 거울이다. 현장직원들은 그 거울을 보고 움직인다. 비용절감을 위해 현장의 인원을 감축하는 것은 근본적인 해결책이 아니다. 그보다는 매출을 일으키는 것이 최우선이다. 어려운 것을 일로 풀겠다는 자세가 중요하다. 일이란 안 되는 것을 되게 하는 것이기 때문이다.

"다이소에서 만나!"

다이소 초창기, 퇴근 후 난 인근 매장을 둘러보는 것으로 하루를 마무리하곤 했다. 그러던 어느 날, 연인인 듯한 남녀가 매장 앞에서 다투는 것을 목격하고 말았다.

"잠깐 들어가서 구경하자."

그런데 남자는 "싸구려 파는 델 창피하게…"라며 여성의 손을 잡아끌었다. 결국 남자 손에 이끌려 가게로부터 멀어지는 여성을 보며 나는 씁쓸함을 감출 수 없었다.

당시만 해도 천 원 균일가숍은 싸구려라는 인식이 대부분이었다. 그래서 체면 신경 쓰느라 매장 앞에서 기웃거리다가 돌아가는 사람들도 있었고, '싼 게 비지떡'이라는 생각으로 아예 관심조차 두지 않는 이들도 많았다. 가격 면에서는 어찌어찌 눈길을 끌었을지 모르지만, 고객의 마음까지는 사로잡지 못했던 것이다.

진열대를 낮추고 조명은 밝게

돌아보니 그럴 수밖에 없는 이유가 있었다. 초창기에만 해도 좁은 매장에 상품을 하나라도 더 갖다 놓으려는 욕심에 산더미처럼 쌓아놓았다. 그러니 고객도 상품이 뒤죽박죽 섞여 있는 곳에서 어렵게 뒤져가며 물건을 골라야 했다. 조명도 그리 밝지 않아 매장이라기보다는 창고 같은 느낌이었다.

그날 이후, 고객들이 조금 더 당당하게(?) 쇼핑을 즐길 수 있는 공간을 만들어야겠다고 결심했다. 먼저 천장에 닿을 정도로 높았던 진열대를 고객의 눈높이까지 낮추고, 조명도 환하게 바꾸었다. 넓은 중앙통로를 중심으로 좌우에 진열대를 배치해서 입구에서 들어서는 순간 매장 전체가 한눈에 들어오게 했다. 첫인상부터 쾌적하고 시원한 느낌을 주기 위해서다.

그러자 매장에 대한 고객들의 인식이 바뀌기 시작했다. 주뼛주뼛 들어오는 것이 아니라 당당하게 들어왔다. 더 싼 상품을 사기 위해서가 아니라 뭔가 새롭고 재미있는 것을 발견하기 위해 매장을 찾는 사람들이 하나둘씩 늘기 시작했다. 그러면서 다이소는 '고르는 즐거움을 파는 곳'이 되었다.

매대 높이를 낮춘다는 것이 한편으론 모험이기도 했다. 통로까지 넓혀야 하니 매장에 진열할 수 있는 상품의 수가 현격히 줄어들었다. 진열하는 상품의 가짓수가 줄어든다는 것은 매출이 줄어든다는 의미이기도 하다. 고객이 보지 못하는 상품이 그만큼 많아지기 때문이다.

그래서 평균 면적이 230㎡(70평) 안팎에 불과하던 매장을 최소한 100평 이상으로 확대했다. 그중의 하나가 강남고속버스터미널점이었다. 경부선 지하에 수입의류, 액세서리, 귀금속 상가 등을 하다 장기간 비워놓은 점포를 약 2,145㎡(650평) 규모의 초대형 다이소 매장으로 리모델링해 활성화시킨 사례다.

그러나 매장을 대형화하다 보니 임대료가 큰 부담이 되었다. 가뜩이나 이익률도 낮은데 고정비용의 상승은 매장운영에 큰 부담이다. 그래서 아이디어를 낸 것이 복층형 점포였다. 다이소 매장 중에는 1층과 2층, 혹은 지하 1층과 1층으로 연결된 복층 매장들이 꽤 많다. 임대료가 비싼 1층에 넓은 매장을 내기가 어려우니, 임대료가 상대적으로 싼 지하층이나 2층과 연계해 복층 형태로 매장을 꾸몄다. 매장에 들어설 때는 1층으로 들어오지만 지하층이나 2층을 오가며 쇼핑을 하도록 한 것이다. 이런 시도를 통해서 점포 면적은 넓히면서 임대료 부담은 줄일 수 있었다.

"누가 벤츠 몰고 와서 1,000원짜리를 사가요?"

한편 재래시장과 외곽상권 위주로 출점하던 전략을 바꾸었다. 강남 1호점을 내면서 서울 시내 한복판으로 나오기 시작했다. 처음에는 저가형 생활용품점이 '부자 동네' 강남 한복판에 들어선다는 것에 대해 대부분 부정적이었다. 누가 벤츠 몰고 와서 1,000원짜리 물건을 사겠느냐는 것이었다.

그러나 반응은 예상과 달리 폭발적이었다. 부자든 아니든 고객은 1,000원의 가치보다 더 큰 만족감을 주는 제품을 사고 싶어 한 것이다. 다이소는 지갑이 얇아서 가는 곳이 아니라 필요한 제품이 있기에 가는 곳이며, 다이소 제품은 값이 싸서 사는 게 아니라 품질이 좋아서 사는 것임을 입증해준 셈이다.

다이소는 현재 강남·서초 지역에 24개의 매장을 운영 중이다. 요즘 강남 주거단지 상권에서는 주부들이 다이소 매장에서 만나자고 약속을 하는 사례가 많다고 한다. 약속 시간을 기다리면서 간단히 쇼핑도 할 수 있기 때문이다.

강남점에서 다이소의 상품력을 인정받았다면 명동점은 다이소의 브랜드 인지도를 높이는 데 크게 기여했다. 우리나라에서 임대료가 가장 비싸다는 명동에 2005년 30여 평의 규모로 첫발을 내디뎠다. 그 후 몇 번 위치를 옮기다 2017년 명품숍이 즐비한 명동 중심가에 12층짜리 건물 전체를 임대해 명동역점을 개점했다. 당시 1,000원짜리 상품을 주로 판매하는 균일가 매장이 명동 한복판에 대형매장을 연 것 자체가 큰 사건이었다. 워낙 임대료가 비싸서 어지간한 브랜드들도 대형매장은 엄두를 내지 못했고, 또 매장을 낸다 해도 수익을 기대하기는 어려운 상권이었기 때문이다. 그래서 명동역점 양옆에는 유명 브랜드 화장품숍과 의류숍이 즐비했다.

명동역점은 고객층이 다양했다. 인근 오피스에서 근무하는 직장인으로부터 주부, 학생, 외국인 관광객까지 다양한 고객이 몰려드는 명동의 명소가 되었다. 덕분에 명동역점은 가격만 싼 상품을 파는 '천원숍'이라 생각했던 사람들의 인식을 바꿔주었다. 수천수만 가지의 편리하고 기발한 생활용품으로 새로운 라이프스타일을 제안하는 생활센스숍으로 브랜드이미지를 제고해준 효과도 있었다.

다세권의 낙수효과

1호점을 열 때만 해도 다이소는 소규모로, 재래시장에 주로 출점했다. 그러다 지하철 역사의 지하상가에서 부도심 집합상가, 단독 건물에서 점차 도시 중심상권으로 진출했다. 덕분에 요즘은 어디서든 어렵지 않게 다이소 매장을 볼 수 있다. 동네마다 만날 수 있어 '국민가게'라는 감사한 별명까지 얻었다.

현재 다이소의 전국 매장 수는 1,500개로 업계 1위다. 전국 백화점(약 100개), 대형마트(약 500개), 복합쇼핑몰(약

20개)을 다 합친 것보다 2배 정도 많다. 접근성 면에서는 압도적이라고 자부할 수 있다.

그러나 한때 다이소의 입점을 격렬하게 반대하는 이들 때문에 곤혹스러운 적도 있었다. 골목상권을 침해한다는 이유 때문이었다. 하지만 다이소 출점이 오히려 '낙수효과'를 일으킨다는 것이 데이터로 증명되기도 했다.[*] 다이소가 주변 상권의 집객효과를 가져오고, 신규고객을 유입시켰다는 것이다.

그래서 요즘은, 높아진 인지도 덕분에 지방에 다이소 매장이 생기면, 그곳이 주요 핵심 상권으로 인식되기도 한다. 맥세권(맥도날드), 스세권(스타벅스)에 이어 다세권(다이소)이라는 신조어가 생겼을 정도다. 다세권은 임대료가 주변 다른 곳보다 더 비싸다고 한다.

그러다 보니 다이소가 입점한 곳이라면 인근 지역뿐만 아니라 도시 전체 주민을 집객시키는 효과도 있어 다른 프랜차이즈 업체들이 개점 후보 지역으로 검토한다고들 한다. 격세지감이 아닐 수 없다.

- 조춘한, 원민관, 서진형, 〈다이소 성장이 이해관계자에 미치는 영향〉, 한국유통학회, 2018년 8월.

어느 날, 매장 입구에서 오래전 그날처럼 또 고객의 전화통화를 우연히 듣게 되었다.

"나 지금 다이소 왔거든. 지금 쇼핑 중이니까 이따가 다이소 앞에서 만나. 응? 아니, 커피숍 말고 다이소로 와."

들어가기도 창피해했던 우리 매장이 이제는 친근한 약속장소가 되었다. 달라진 위상에 감격스러운 순간이었다.

'국민가게'라는 별명에 담긴 뜻

2022년 3월, 경북 울진에서 산불이 일어났을 때였다. 온 산이 벌겋게 불타는 모습과 함께 무섭게 덮쳐오는 불길에 아무것도 가지고 나오지 못했다며 연신 눈물을 훔쳐내는 어르신의 모습을 텔레비전에서 보며 몹시도 가슴이 짠했다. 갑자기 닥친 불길에 얼마나 놀라고 기가 막혔을까.

아성다이소에서는 여러 대의 다이소 트럭에 행복박스를 실어 울진으로 보냈다. 행복박스는 주로 사회취약계층이나 보훈가족, 소상공인, 재해로 피해를 본 가정 등에 전달되는 라면 상자 크기만 한 생활용품 박스다. 이번에는 칫솔·치약·물티슈 등 위생용품과 양말·담요 등 이재민에게 당장 필요한 생활용품을 골라서 담았다.

다이소 임직원은 여기저기 숯 더미로 내려앉은 농가 사이를 달려 울진군 체육관에 도착했다. 이곳에서 구호물품을 정리한 후 아직도 풍겨오는 매캐한 냄새를 맡으며 200여 가구가 임시로 거주하고 있는 곳으로 직접 행복박스를 배달했다. 꼭 필요한 상품만 모아왔다고 칭찬도 받았다는 보고를 들으며 행복박스가 마치 '찾아가는 국민가게' 같아서 모처럼 마음이 훈훈해졌다.

자신만의 행복박스를 꾸리는 곳

'국민가게 다이소'는 한 고객이 지어준 이름이다. 꼭 필요한 생활용품처럼 꼭 필요한 '국민가게'가 되라는 의미에서였다. 하루 100만 명의 고객이 찾아주는 것을 보면 다이소가 국민가게에 근접해가는 듯하다. 하지만 진정한 국민가게가 되기 위해선 아직 넘어야 할 산이 많다.

어르신에게는 어르신의 생활에 필요한 것들로, 이재민에겐 이재민의 생활에 필요한 것들로, 어린이에겐 어린이에게 필요한 것들로(예를 들어 태백탄광촌 어린이들에게도 한동안 행복박스를 전달했다) 행복박스를 채워 전달했듯, 고객 한 분 한 분이 자신에게 필요한 행복박스를 꾸릴 수 있는 곳이 바로 다이소 매장이 되기를 희망한다. 그럴 때 진정한 국민가게가 되는 것 아닐까.

1~2년 전부터 아성다이소 직원들은 **'국민의 생활을 생각합니다'**라는 슬로건을 책상 앞에 붙여놓고 고민하고 있다. 국민의 생활을 생각한다는 말 속엔 생활을 영위하기 위한 필수용품부터 즐겁고 행복하기 위한, 때로는 재미와 의미를 공유하기 위한 용품까지, 나아가 경험과 연결과 소통의 플랫폼으로서 생활을 재발견하는 역할을 다이소가 하겠다는 의미가 포함되어 있다. 그런 의미에서 우리가 하는 일은 행복산업인 셈이다.

그래서 난 설혹 팔리지 않는 상품일지라도, 단 한 사람이라도 찾는 이가 있다면 단종시키지 말라고 얘기한다. 다이소에 가면 '다 있다'라는 말이 단순히 물건의 종류가 많다는 것만을 의미하진 않는다. 남녀노소, 주부, 학생, 직장인, 프리랜서에 이르기까지 성별과 직업, 나이에 상관없이 각자의 생활에 필요한 생활용품에 관한 한 모두 갖춰놓겠다는 것이다. 아무리 사소한 상품이라도 누군가에겐 꼭 필요한 제품이기에 그 소중함을 간과하지 않겠다는 것이다. 다이소야말로 고객 한 분 한 분에게 행복과 기쁨을 드리는 행복박스가 되었으면 하는 바람이다.

좋은 물건을 싸게 파는 것이 사회공헌

'국민가게'가 되기 위해서는 반드시 지켜야 할 것이 하나 있다. 아성다이소 사람들은 '천 원의 가치'를 아는 사람들이다. 그래서 상품을 개발할 때도 거품을 없애고 바르고 양심적으로, 정직하고 우직하게 보려 노력한다. 그 땀의 가치를 알기에 다이소 매장에서는 1,000원이 대접을 받을 수 있다. 이처럼 다이소는 몸과 마음이 건강한 사람들이 만들어가는 매장이고 또한 몸과 마음이 건강한 사람들이 찾는 곳이란 자부심을 갖고 있다.

건강한 이들이 꾸려가는 건강한 매장에서 국민의 건전하고 현명한 소비를 도우며 건강한 사회를 만들어가는 것, 그것이 내가 할 수 있는 사회공헌 아닐까. 품질은 더욱 높이면서 균일가 상품을 유지하는 것, 그래서 고객들이 장바구니를 부담 없이 채울 수 있는 곳, 이를 통해 합리적인 소비문화 확산과 물가안정에 이바지하는 것. 다이소가 대한민국 소비문화를 건전하게 바꾸고 소비자 물가를 0.1%라도 낮출 수 있다면 그것으로 만족한다. 국민에게 힘이 되는 가게, 꼭 필요한 생활용품처럼 꼭 필요한 국민가게란 바로 이런 가게가 아닐까.

다이소엔 '다 있다'지만 없는 것이 딱 2가지 있다. 바로 술과 담배. 모처럼 휴일에 온 가족이 함께 나들이하러 간다고 상상해보자. 그리 멀지 않은 교외에 있는 다이소 매장. 주차시설도 편리하고 무엇보다 곳곳에 쉴 수 있는 공간이 많아 여유롭다.

"너 오늘 10개만 골라."

엄마가 아이에게 말한다. 아이는 매장을 뛰어다닌다. 공간이 넓어 뛰어도 안전하다. 상품도 건전하고 환경도 쾌적해 안심이다. 아버지는 골프용품을 엄마는 주방용품을 구매한다. 그날 가족 모두는 오랜만에 만족스러운 쇼핑도 하며 재충전의 시간을 갖는다.

이것이 내가 꿈꾸는 다이소의 모습이다. 다이소의 꿈은 국민 브랜드로 도약해 국민 생활의 일부가 되는 것이다. 그러기 위해서는 무엇보다 가족 모두가 함께 즐길 수 있는 건전한 쇼핑공간이 되어야 할 것이다.

그동안은 다이소 매장은 접근이 쉬운 역세권 중심으로 매장을 열었다. 하지만 시내에 있는 매장으로는 아무리 큰 규모라 해도 우리가 개발한 상품을 전부 보여주지는 못한다. 교외의 넓은 매장에서 그동안 우리가 개발했던 모든 상품을 진열해놓고 마음껏 취향대로 고를 수 있는 즐거움을 선사하고 싶다. 그동안 고객들에게 제대로 보여주지 못한 상품들이 너무 많기 때문이다.

고객들은 미처 생각지 못한 아이디어 상품에서 또 다른 생활의 즐거움을 발견한다. 또 어떤 상품은 재미있어서 혹은 이색적이어서 구매한다. 아무리 비싸도 5,000원을 넘지 않으니 쇼핑 바구니를 한가득 채워도 큰 부담이 없다. 나들이의 즐거움과 휴식을 한 번에 해결하며 무엇보다 '온 가족이 함께' 쇼핑을 레저처럼 즐길 수 있는 곳, 건강하고 가성비 높은 라이프스타일을 가족 모두에게 제공하는 그런 복합공간을 만들어가는 것이 앞으로의 나의 작은 소망이다.

에필로그

고민하는 집요함이 운명과 세상을 바꾼다

"달력이 왜 이리 많습니까?"

내 방을 방문하는 손님들이 종종 하는 질문이다. 책상 위에 나란히 세워둔 5개의 탁상 달력 때문이다. 물론 다 내게는 꼭 필요한 달력이다.

첫 번째 달력은 지난달 달력이다. 상품을 발주하고 공급하는 데 시간이 소요되기 때문에 지나간 날짜들도 꼭 챙겨봐야 한다. 2개는 이번 달 달력인데 하나는 우리나라, 다른 하나는 일본 달력이다. 일본에 수출을 많이 하다 보니 일본 공휴일과 명절 등을 피해 상담하러 가기 위해서다. 나머지 2개는 앞으로 두 달의 달력이다. 새롭게 출시할 상품에 대해서는 보통 1년 전부터 기획에 들어가는데 본격적인 생산에 들어가더라도 출고까지 3~6개월 정도 소요된다. 수많은 상품을 기획하고 생산하고 출고하는 일을 챙기기 위해서다.

이렇게 한 30여 년을 살다 보니 달력을 봐도 계절 감각이 없다. 오로지 상품의 일정만 눈에 들어온다. 세월이 가는 줄도 모르고 나이 먹는 것도 잊어버릴 때가 많다.

사업을 시작한 이후 하루도 여유 있게 살아본 기억이 없다. 지금은 코로나19로 잠시 중단되었지만 명절이면 항상 해외 출장을 떠났다. 국내 기업은 대부분 휴무에 들어가지만, 해외에서는 정상적으로 일하는 데 지장이 없기 때문이다. 명절 연휴 3~4일을 그냥 쉬는 게 너무 아깝고 아무것도 하지 않고 가만히 있는 게 두렵기까지 했다.

그래서 직원들이 고생을 참 많이 했다. 아무리 바쁜 사람도 1년에 한두 번 명절 때는 쉬는데 그것마저 못 했으니 말이다. 가족들에게는 더욱 미안하다. 가족들과 놀러 다닌 기억이 별로 없다. 휴가를 가도 늘 일 생각뿐이었다. 여행지에서도 아름다운 경치나 풍광을 즐기기보다 이런 물건을 가지고 상품 하나 만들어볼까 하는 생각을 더 많이 했다. 풍경보다 특이한 물건 사진을 더 많이 찍어왔다. 매사에 그런 식이니까 가족들도 재미가 없었을 것이다. 가족들에게나 직원들에게는 늘 미안한 마음이다.

해외 출장을 가도 정해진 시간에 조금이라도 더 많은 업체를 방문하고 상담하기 위해 햄버거나 도시락으로 이동하며 식사를 해결했다. 1년에 거의 반 이상을 해외 출장으로 보내고 전 세계 안 가본 나라가 없을 정도지만 출장 업무와 관련 없는 유명 관광지나 명소를 다녀본 기억은 거의 없다. 이런 나를 보고 워커홀릭이라고 한다. 반은 맞고 반은 틀린 얘기다. 자전거가 잘 달리고 있다고 해서 페달에서 발을 뗄 수 없는 것과 같은 이치다. 페달을 멈추는 순간 쓰러진다는 것을 너무도 잘 알기 때문이다. 이처럼 매 순간이 긴장의 연속이었다.

머리보다 몸이 먼저 움직이는 사업

남보다 많이, 멀리 뛴 덕분이 아닐까 싶다. 30여 년간 갈고닦아온 아성다이소의 상품 개발력과 상품 공급력, 최신의 물류시스템을 누군가 단시간에 추월하기는 힘들 것이다. 낮은 수익성 때문에라도 경쟁사가 진입하기 쉽지 않다. 그렇긴 해도 경쟁자가 전혀 없는 것은 아니다. 무수한 업체들이 이 시장을 노리고 있고 그 도전은 지금도 계속되고 있다. 재래시장과 지방 상권을 중심으로 균일가숍이 여전히 운영되고 있고, 비슷한 이름과 유사한 상표를 내건 매장들까지 속속 등장한다. 요즘은 다이소의 브랜드파워와 집객력에 편승해 뒤따라오면서 우리 고객을 조금씩 빼가는 브랜드들도 많이 등장했다.

    자본과 뛰어난 인력을 앞세운 대기업들도 이 시장을 호시탐탐 노리고 있다. 하지만 우수한 인력과 막대한 자본력, 경영 능력을 갖춘 대기업들이 왜 이 시장에서는 성공을 거두지 못했을까. 균일가 사업은 돈이나 머리로 할 수 있는 일이 아니다. 직접 몸으로 부딪치고 우직하게 땀 흘려야만 할 수 있는 일이다. 여기저기 발품을 팔아 상품을 발굴하고, 현장에서 얻은 아이디어와 정보가 개발과정에서 흘러나와야 한다. 한마디로 온몸으로 뛰어다니며 몰입해야만 성공할 수 있는 사업이다. 그런 의미에서 머리보다 몸이 먼저 움직이는 사업이기도 하다. 대기업이 자금력을 갖고 뛰어들어도 오래 견디지 못하는 이유 중 하나가 바로 그것이다.

무엇보다 업에 대한 본질을 정확히 알고 그것을 수행할 수 있는 실행력과 철학을 가지고 있어야 지속할 수 있다. 우리가 하는 일은 작은 티끌을 꾸준히 쌓아 태산을 이루는 작업이다. 그리고 그 땀 한 방울, 천 원 한 장의 가치를 2배, 3배로 키워 소비자에게 돌려주는 일이다.

우연이나 요행으로 되지 않는다. 우보천리(牛步千里)라 했던가? 소걸음으로 천 리를 가듯 인내와 성실로 매일 그 한 걸음 한 걸음에 최선을 다해야 가능하다. 다이소의 사훈은 '바르고 정직한 것'이다. 땀방울의 가치를 소중히 여기는 마음으로, 창업부터 지금까지 바르고 정직하게 '천 원의 가치'를 지켜내려 했다. 오늘도 우리 매장을 찾아주신 100만 고객들이 바로 그 성실함과 땀방울이 인정받았다는 증거가 아닐까?

나는 아직도 고객이 두렵다

《세계 장수기업, 세기를 뛰어넘은 성공》의 저자인 윌리엄 오하라 교수는 장수기업이 되는 비결을 '처음 사업을 시작했을 때 가졌던 이념과 삶의 본질을 잊지 않는 것'이라고 한다. 지속적으로 성장한 많은 기업은 대부분 창업정신이 흔들리지 않고 유지된 기업이라는 것이다. 물론 그 창업정신을 유지하기 위한 끝없는 도전과 혁신이 수반되었을 것이다.

톱(top)이 되는 것은 어렵다. 최고의 자리에 올라 남이 따라오지 못하게 하는 것은 더 어렵다. 지금 당장은 '초격차' 지위를 자랑하더라도 방심하는 순간 외면당할 수 있다는 얘기다. 우리의 경쟁자는 우리 안에 있다. 바깥의 경쟁자와 싸우는 것이 아니라, 고객에게 더 높은 가치를 제공하기 위해 우리 자신과 싸워야 하니 더 어려울 수밖에 없다. 앞에서도 말했지만, 결국 고민하는 집요함이 운명과 세상을 바꾼다는 말을 다시 한번 강조하고 싶다.

그리고 남들이 들어가지 않은 틈새시장에서 남들보다 한 발 더 뛰고 한 번 더 움직이면서 만들어온 성과라는 점에서, 그동안 애써준 직원들에게 특별히 감사의 말을 전하고 싶다. 그대들의 노력과 정성이 모여 오늘을 만들었다.

나는 고객이 두렵다는 생각으로 30여 년간 이 사업을 해왔다. 우리나라에서 언제까지 균일가 정책을 고수할 수 있을까. 그런 생각을 하면 지금도 밤에 잠이 안 온다. 균일가 정신이 느슨해질 때 경쟁자들은 틈을 비집고 들어올 것이다. 초심을 잃을 때, 그때가 가장 경계해야 할 순간인 것이다. 나는 창업자로서 나의 일에 정년은 없다. 따라서 은퇴는 더더욱 생각할 수가 없다. 고객에게 가격보다 더 큰 가치를 제공하겠다는 것, 국민가게, 국민 브랜드로 국민 생활의 일부가 되는 것, 우리의 궁극적인 목표이자 존재이유를 잊지 말아야겠다.

저자소개

박정부

아성다이소 창업주이자 회장

국민가게 '다이소 신화'를 만들어낸 한국 균일가 사업의 상징으로 불린다. 미국의 1달러숍, 일본의 100엔숍과 차별화된 한국 균일가숍의 원형을 만들고 3조의 회사로 성장시켰다. 남들이 은퇴 후를 계획할 45세에 무역업으로 도전을 시작하여 10년을 준비한 끝에 1997년 천호동에 1호점을 열었다. 이렇게 처음부터 남다르게 시작한 다이소는 현재 1,500여 매장, 용인 남사와 부산의 최첨단 물류허브센터, 3만 2,000여 종의 상품으로 매일 100만 명의 고객이 찾는 국민가게로 사랑받고 있다. 고객의 땀이 밴 소중한 1,000원의 가치를 상품 하나하나에 담아내는 일에 열정을 쏟아부은 결과다. '집요한 고민이 운명과 세상을 바꾼다'는 신조로 고객에게는 놀라움과 감동을, 수많은 기업인에게는 영감을 주고 있다.

박정부 회장은 석탑산업훈장, 철탑산업훈장, 동탑산업훈장, 금탑산업훈장을 받았고, 한국유통대상(대통령상), 유통명인상(대한상공회의소), 생산성경영자대상(한국생산성학회), 서울대AMP 대상 등을 수상했다. 현재 한국중견기업연합회 부회장, 한국무역협회 부회장을 맡고 있다.

다이소는 알면 알수록 놀라운 회사다. 매달 600종의 신상품이 출시되고, 전국 1,500개 매장에 매일 100만 명의 고객이 찾아온다. 하루에 판매되는 물량이 수백만 개다. 2030세대가 가장 좋아하는 라이프스타일숍이자 '다이소 증후군', '다세권', 같은 신조어도 만들어냈다. 가격, 상품 다양성, 매장 접근성 면에서 타의 추종을 불허한다. 아무리 경쟁자가 자본과 물량으로 밀고 들어와도 도무지 경쟁이 안 되는 압도적인 격차를 만들어낸 것이다. 경영학계에서도 보기 드문 성공 사례로 손꼽히며 다양한 주제로 연구되고 있다. 25년간 지속적으로 성장하며 끊임없이 자기혁신을 이어온 비결은 무엇인가? 요즘같이 일확천금의 유혹이 커진 시대에, 기본을 지키며 견고하게 회사를 성장시켜온 비결은 무엇일까?

창업주인 박정부 회장은 유통업계의 신화적인 존재로 유명하다. "거창한 계획을 세우기보다 작은 것 하나하나를 철저하게 지키고 당연한 것을 꾸준히 반복했다."는 겸손한 말로 책을 시작하지만, 1분 1초도 낭비하지 않고 누구보다 치열하게 몰입해 만들어낸 성과다. '천 원짜리'를 위해 수천억을 투자해 물류센터를 짓고, 세세한 것 하나까지 직접 테스트하며 군더더기는 모두 덜어내고 업의 본질에만 집중한 결과다. 이 책은 박정부 회장이 처음으로 직접 밝힌 다이소의 성공비결과 경영 노하우가 가득하다.

천 원을 경영하라 특별판

2022년 12월 1일 초판 1쇄 | 2024년 4월 25일 100쇄 특별판 발행

지은이 박정부
펴낸이 이원주

기획개발실 강소라, 김유경, 강동욱, 박인애, 류지혜, 이채은, 조아라, 최연서, 고정용
마케팅실 양근모, 권금숙, 양봉호, 이도경 **온라인홍보팀** 신하은, 현나래, 최혜빈
디자인실 진미나, 윤민지, 정은예 **디지털콘텐츠팀** 최은정 **해외기획팀** 우정민, 배혜림, 정혜인
경영지원실 홍성택, 강신우, 김현우, 이윤재 **제작팀** 이진영
펴낸곳 (주)쌤앤파커스 **출판신고** 2006년 9월 25일 제406-2006-000210호
주소 서울시 마포구 월드컵북로 396 누리꿈스퀘어 비즈니스타워 18층
전화 02-6712-9800 **팩스** 02-6712-9810 **이메일** info@smpk.kr

ⓒ 박정부 (저작권자와 맺은 특약에 따라 검인을 생략합니다)
ISBN 979-11-6534-960-8 (03320)

- 이 책은 저작권법에 따라 보호받는 저작물이므로 무단전재와 무단복제를 금지하며,
  이 책 내용의 전부 또는 일부를 이용하려면 반드시 저작권자와 (주)쌤앤파커스의 서면동의를 받아야 합니다.
- 잘못된 책은 구입하신 서점에서 바꿔드립니다.
- 책값은 뒤표지에 있습니다.
- 표지사진 출처 : 조선일보 2022년 12월 10일 자 기사

쌤앤파커스(Sam&Parkers)는 독자 여러분의 책에 관한 아이디어와 원고 투고를 설레는 마음으로 기다리고 있습니다. 책으로 엮기를 원하는 아이디어가 있으신 분은 이메일 book@smpk.kr로 간단한 개요와 취지, 연락처 등을 보내주세요. 머뭇거리지 말고 문을 두드리세요. 길이 열립니다.